新説 家康と三方原合戦

生涯唯一の大敗を読み解く

平山 優 Hirayama Yu

NHK出版新書
688

はじめに

三方原《みかたがはら》合戦は、元亀《げんき》三年（一五七二）十二月二十二日、遠江《とおとうみ》国浜松郊外の三方原において、徳川家康と武田信玄が激突した戦いである。この合戦で、織田信長より援軍を受けていた家康は、大敗を喫《きっ》し、命からがら浜松城に逃げ帰ったといわれる。

このため、三方原合戦は、天下人家康の生涯における「三大危難」の一つに数えられている（この他は、三河一向一揆《みかわいっこういっき》〈永禄《えいろく》六～七年・一五六三～四〉、伊賀越《いがご》え〈天正《てんしょう》十年・一五八二〉）。実際に、この合戦で家康は、多くの家臣を失い、遠江・三河の領国の三分の二近くを武田に奪われる大打撃を受けた。しかも同盟相手の織田信長も、畿内《きない》に敵を抱え、さらに信玄と結ぶ大坂本願寺《ほんがんじ》や、武田の調略に応じた飛騨《ひだ》国、美濃《みの》国の国衆《くにしゅう》らが敵対の動きを見せ始めていたため、岐阜城に在城したまま、動くに動けぬ状況だったのだ。まさに、家康は絶体絶命の危機にあった。

信玄は、家康を破滅させるか、もしくは浜松を放棄に追いやり、岡崎に脱出させて遠江制圧を目論《もくろ》んでいた可能性が高い。信玄は、家康の弱点を見抜いていたとみられる。敵の弱点を衝《つ》くのは、あらゆる勝負事の常道であるが、この時の家康ほど、それを思い知らされたことはなかったのではあるまいか。その弱点の内容については、本文で詳しく紹介するが、当時、家康は三河の岡崎に代わる新たな本拠地として、浜松の整備に心血を注いでいた。その浜松の地に内在する問題点の発現こそが、三方原合戦だったといえるのである。

いっぽうで、三方原合戦ほど著名でありながら、合戦の情報がほぼ皆無に近いものも珍しい（他に例を探すとすれば、第四次川中島《かわなかじま》合戦くらいであろうか）。実のところを言えば、合戦場がどこであったのかについても、明確になっているとは言いがたいのだ。

本書では、若き家康最大の危機である三方原合戦について、あらゆる角度から取り上げ、検討していこうと思う。そして、合戦にまつわる多くの疑問について、再検証を試みたい。

新説 家康と三方原合戦――生涯唯一の大敗を読み解く　目次

第一章　家康の自立と武田信玄

家康の自立

徳川家康と武田信玄が、直接交流を始めるのは、永禄《えいろく》十一年（一五六八）を待たねばならない。だが、自らの意思とは関わりなしに、信玄が家康を視野に入れ始めたのは、永禄五年であることは間違いない。

周知のように、徳川家康（当時は「松平元康《まつだいらもとやす》」であったが、以下、徳川家康に統一）は、今川義元のもとで養育され、国衆岡崎松平氏の当主として、駿府《すんぷ》にいながら三河統治を実施し、また今川重臣で一門の、関口氏純《せきぐちうじすみ》の息女築山殿《つきやまどの》を娶《めと》り、今川御親類衆として処遇されていた。彼は、通説のような人質などではなく、今川氏の三河支配を支える一門格の存在であり、有力国衆であったといえる（柴裕之・二〇一七年・二〇二一年他）。

今川氏のもとに庇護《ひご》されていたのは、幼少だったためで、岡崎松平氏は今川氏が保護するも、その統治は岡崎松平の家中によって担われている。今川の意図は、織田氏との境目《さかいめ》（最前線）に位置する三河の政治・軍事的安全保障体制の構築にあり、それなくして三河領国化は果たし得なかったからだ。いっぽうの岡崎松平氏も、今川氏の安全保障体制下にあることで、初めて存立が実現しうるという段階にあったといえる。家康がそのまま成長し、今川義元の三河統治が安定し、尾張《おわり》侵攻が何事もなく順調に進んでいれば、彼は今川一門格の国衆当主として、岡崎に帰還を果たしていた可能性が高い。

だが、家康の命運は一転する。永禄三年（一五六〇）五月十九日、桶狭間《おけはざま》合戦で今川義元が織田信長に敗れ、戦死してしまったのだ。家康は、最前線の尾張大高《おおだか》城に在城していたが、ただちに全軍を撤収させ、三河岡崎に帰還した。家康は、今川氏真《うじざね》の許可と指示により、岡崎城に入城し、すぐさま織田方の伯父で緒川《おがわ》・刈谷《かりや》城主の水野《みずの》信元《のぶもと》と交戦を開始した。当時、家康は十九歳であった。

家康と織田方との合戦は、永禄四年に入ってからも続き、同年四月には、信長の三河侵攻により織田氏は、巴川《ともえがわ》以西の賀茂《かも》郡を制圧したのである（『信長公記《しんちょうこうき》』）。このため、家康はいっそう苦しい状況に追い込まれていた。ところが、岡崎松平氏をはじめとする今川方が苦戦しているにもかかわらず、駿府の今川氏真は一向に援軍に来る気配がなかった。それどころか氏真は、軍勢を関東に派遣していたのである。

当時、関東経略を順調に進めていた同盟国北条《ほうじょう》氏康《うじやす》（氏真正室早川殿《はやかわどの》の父）は、永禄三年以来、越後《えちご》長《なが》尾《お》景虎《かげとら》（後の上杉謙信）の侵攻に苦慮していた。前関東管領上杉《うえすぎ》憲政《のりまさ》を奉じて関東出兵を開始した景虎は、北条氏の侵攻に苦慮していた関東の諸将や、元上杉家臣らを糾合《きゅうごう》し、氏康を攻め滅ぼそうと、関東を席巻していたのである。氏真はこれを座視せず、ただちに援軍を派遣していた。だが、三河方面への手当ては一向に実施されることはなかった。

危機感を覚えた家康は、織田信長との和睦《わぼく》、同盟に乗り出したと考えられる（清須同盟）。通説では、永禄四年二月といわれる（『岡崎市史』通史編中世）。仲介役は、織田方の伯父水野信元であったという（『松平記』他）。

ただし、家康が信長の本拠清須《きよす》城を訪問して信長と盟約を遂げたというのは、後世の創作であろう。その証拠は認められないばかりか、当時の家康に、岡崎を空けて他国に赴《おもむ》く余裕などあるはずもない。盟約は、書状と使者の遣《や》り取りで実施されたとみられる。この直後、既述のように、信長の西三河の一部制圧があるが、家康は交戦した形跡がないので、和睦、同盟成立は間違いなかろう。

家康は、永禄四年三月から閏《うるう》三月にかけて、三河賀茂郡阿摺衆《あすりしゅう》らを調略し、四月、遂に今川方への攻撃を開始した。東条《とうじょう》城主吉良義昭《きらよしあき》、牛久保《うしくぼ》城主牧野成定《まきのなりさだ》を相次いで攻撃した。今川氏真はこの行為を敵対と認定し、「松平蔵人《くらんど》逆心」「岡崎逆心」と呼び、家康との全面的な戦闘を下知《げち》した。かくて家康は、今川氏からの自立に踏み切ったのである。

家康と信玄、その始点

武田信玄が家康を初めて視野に入れたのは、現存する史料をみる限り、永禄五年のことと考えられる。そのきっかけは、室町幕府将軍足利義輝《あしかがよしてる》による氏真と家康への停戦命令である。家康による対今川戦は、「三州錯乱《さくらん》」と呼ばれる争乱へと発展した。三河は家康方と今川方に分裂し、戦闘が拡大したのだ。もはや氏真が簡単に制圧できる状況でなくなった。それゆえに「三州錯乱」と呼ばれたわけだ（大石泰史・二〇一八年他）。

この時、将軍義輝は「三州錯乱」で関東との交通が極めて困難となった事態を受け、家康、氏真を始め、織田方水野信元にも停戦命令を出した。さらに、その実現のための和睦周旋を、武田信玄と北条氏康に命じたのである。結論から言えば、この和睦周旋は行われたものの、家康・氏真・信元が受諾し実現することはなかった。

だがこの過程で、それまでまったく信玄の視野には入っていなかった家康は、同盟国今川氏を通じて敵対者と映るに至ったとみられる。ここに、清須同盟対甲相駿三国同盟との対立という構図が出来上がったわけである。

永禄五年、今川氏真は、信玄に三河攻めへの支援を要請した。実は、氏真より信玄に対する三河攻めへの支援要請は、前年の永禄四年には行われていたらしい。だが諸事情からそれが実現せず、氏真は永禄五年六月に「初秋に三河に出馬する予定です。かねてからの約束どおり、御合力《ごうりき》を賜れれば大変ありがたく思います。まさにこの時こそ、ひとえにお力添えをお頼みしたく存じます」と信玄に伝えている（戦武補遺一一四号）。しかし、結局、永禄五年初秋の三河攻撃を、氏真は実施しなかった。

　氏真が、いよいよ本気をみせたのは、永禄六年四月である。彼は、全領国に対し「三州急用」（三河攻めのための臨時課税）を通達した。これは、今川領国を混乱させた。それまで棟別《むなべつ》（家屋の棟単位で賦課された租税。棟別銭）などの諸公事《くじ》免許（臨時課税の免除）の特権を持つ人々にまで、特権の一時撤回、負担強制の措置が命じられたからである。このため、今川氏のもとには、免許特権の回復を求める訴願が集中することとなった。氏真は、軍役を勤める被官（主君より給分を与えられ、奉公する者を指す）、今川との縁が深い寺社などには、免許特権の回復を認めたが、それ以外はほぼ却下され、賦課《ふか》が実施されている。

　しかし、氏真が「三州急用」を通達したことで、今川軍の三河侵攻が差し迫っていることを内外に印象づけられた。これを受け、三河では永禄六年六月までに、家康重臣の酒井《さかい》将監忠尚《しょうげんただよし》が上野《うえの》城に籠城し、叛旗《はんき》を翻《ひるがえ》した。この動きは、西三河に広まり、東条城主吉良義昭も叛乱を起こし、幡豆《はず》郡寺部《てらべ》城主小笠原広重《おがさわらひろしげ》の反抗も活発化した。

この頃、氏真は武田信玄に三河攻めへの援助を正式に依頼したようだ。信玄は氏真の要請を受け、ただちに信濃《しなの》下伊那《いな》郡司（大島城代）秋山虎繁《あきやまとらしげ》に書状を送り、「岡崎退治」のための策略を始めるよう指示した（戦武八五六号）。武田方は、家康方の内部にすでに内通者を獲得していたらしく、信濃国衆下条信氏《しもじょうのぶうじ》（吉岡《よしおか》城主）に命じて、内通者から派遣されてくる使者と途中で合流し、綿密な協議をする手筈《てはず》を整えていた。その際に信玄は、下条が武田方の代表で、しかも今川氏からの了解も得られていることを証明するために、氏真の書状を信氏に託し、もし疑われるようならそれを相手に見せるよう指示している。

　武田氏が、岡崎で獲得していた内通者が誰であるかは定かでないが、上野城主酒井忠尚のことかも知れない。いずれにせよ、信玄は氏真とともに、真剣に家康を打倒しようと動き出したのであった。

信玄、今川打倒を目論む

　永禄六年（一五六三）七月二十四日、今川氏真は駿河・遠江《とおとうみ》の軍勢を召集し、駿府を出陣した。ところが、氏真が出陣したのは三河ではなく、相模《さがみ》であった。氏真は、同盟国北条氏を支援すべく、駿豆《すんず》（駿河・伊豆）国境を越え、七月末に小田原に着陣した。その後、今川軍は、北条軍と平塚で合流し、関東に齣《こま》を進めている。これは、全領国に通達した動員の目的からの逸脱といえた。いずれにせよ、家康は、今川軍の侵攻を免れる結果となったのである。だが氏真は、はかばかしい成果を挙げることなく、駿河に帰陣したらしい（帰陣の時期は不明）。

この直後の、永禄六年十二月、引間《ひくま》（引馬、曳馬とも）城主飯尾豊前守連龍《いのおぶぜんのかみつらたつ》が挙兵し、今川氏から離叛したのである。この叛乱は、家康が飯尾を調略した結果、発生したといわれる。だが当時、「飯尾豊前守逆心」といわれた引間単独の叛乱は、すぐに鎮圧されるかにみえた。ところが、周智《しゅうち》郡犬居《いぬい》城主天野《あまの》氏、奥山《おくやま》氏、長上《ながかみ》郡蒲御厨《かばのみくりや》の高橋氏、佐野《さの》郡幡《はた》鎌《かま》氏、豊田《とよた》郡匂坂《さぎさか》城主匂坂氏、豊田郡気賀《きが》氏、同郡見付堀越《みつけほりこし》氏、同郡二俣《ふたまた》城主松井《まつい》氏、磐《いわ》田《た》郡於保三和《おほみわ》氏、周智郡村松氏などが続々と叛乱に加わったのである。これらの多くは、家中が今川・反今川派に分裂したものであったが、反今川派は飯尾氏と連携し、家の実権をめざして一族と激しく争った。このため、「飯尾豊前守逆心」は、「遠州忩劇《そうげき》」と呼ばれる大反乱へと発展したのである。今川氏真は、これを容易に鎮圧できず、その対応に苦慮することとなる。

いっぽう、武田信玄は、「遠州忩劇」の勃発を、上野《こうずけ》国在陣中の閏十二月六日に知った。

信玄は、急報を伝えてきた穴山《あなやま》信君《のぶただ》重臣佐野泰光《やすみつ》に書状を送り、もし氏真が叛乱軍に敗れるようならば、ただちに関東在陣を切り上げ、駿河に出兵する意向を明らかにした。だが、駿河衆が氏真を守り、今川が堅固であるならば、様子を見るつもりであると述べている。いっぽうで信玄は、佐野泰光に叛乱を起こした相手方に書状を送り届けるように指示しており、虚々実々の駆け引きを、早くも行っていたことが知られる。ここに信玄は、氏真が領国を維持できなければ、今川支援を名目に駿河・遠江に出陣する意思を固めていたのだ。

　そして遠江では、見付の堀越氏延《うじのぶ》は、武田信玄に使嗾《しそう》され、今川から離叛したと伝えられている。だが堀越氏は、今川方から攻められ、永禄六年に滅亡している。信玄の調略がどこまで進んでいたかは定かでないが、信濃・遠江国境の国衆久頭郷《くずごう》城（高根城）主奥山《おくやま》大《だい》膳亮《ぜんのすけ》吉兼《よしかね》は、遠州忩劇鎮圧後、武田氏に従属して生き残りを図っている。

　遠州忩劇の勃発により、氏真は三河の家康を討伐するどころではなくなってしまった。事態の収拾に手を焼いた氏真は、永禄七年十月頃、飯尾連龍を赦免することで和睦し、ようやく終結に向けて動きだした。飯尾連龍も、家康の支援が途絶えてしまったこともあり、抵抗を続けるのが困難となったからだろう（当時家康は、三河一向一揆《いっこういっき》をようやく鎮めたばかりであった）。

飯尾連龍は、引き続き引間城主の地位を安堵されたが、永禄八年十二月二十日、氏真に呼び出され駿府で成敗された（『科註拾塵抄《かちゅうしゅうじんしょう》』）。その理由は、連龍が家康と再び謀議を行ったのが発覚したからだとされる（『浜松御在城記《おざいじょうき》』他）。これに怒った飯尾家中は、引間城に籠城し、家康に支援を求めている。

三河一向一揆の勃発

今川氏が「遠州忩劇」で大きく揺れているころ、家康も生涯最大の苦難に直面していた。永禄六年十二月、三河一向一揆が蜂起したのだ。永禄三年以後、連年にわたって合戦を続けていた家康は、兵粮米《ひょうろうまい》や矢銭《やせん》（臨時に賦課された軍資金）が欠乏し、極めて苦しい状況に置かれていた。折しも、永禄の大飢饉《ききん》という世相のもとで、兵粮米の確保は喫緊《きっきん》の課題となっていたのだ。

そこで家康は、三河一向宗寺院（土呂本宗寺《とろほんしゅうじ》、野寺本證寺《のでらほんしょうじ》、針崎勝鬘寺《はりさきしょうまんじ》、佐々木上宮寺《ささきじょうぐうじ》など）に兵粮米の借用を求めたが拒否されていた。そこへ、家康家臣と寺内町《じないちょう》の人々とが、兵粮米の貸借や徴収をめぐって紛争となり、家康が寺内町の人々に対し検断《けんだん》（警察・司法措置）を実施したことが引き鉄《がね》となって、一向宗寺院は門徒《もんと》を集め、集会を行った。その結果、家康方の行為は、松平、今川氏が一向宗寺院に認定してきた不入権《ふにゅうけん》（外部権力の立ち入り調査を拒否する権利）を否定する悪行とされ、一向一揆が蜂起したといわれる。

一向一揆の蜂起は、家康をさらなる苦難に追い込んだ。というのも、家康家臣には一向宗信者が数多く、一揆蜂起とともに、家康から離叛して一向宗寺院に籠城する人々も少なくなかったからである。多くの家康家臣団は、一族が家康方と一向宗方に分裂する悲劇を招いていた。

家康は苦戦したが、永禄七年二月半ばごろ、馬頭原《ばとうはら》（小豆坂《あずきざか》）合戦で一揆勢を撃破したことで一向宗側の敗北は決定的となった。そこで、水野信元（家康の伯父）らの勧めもあって、家康は一向一揆との和睦を実現させた。その条件は、①一向宗寺院を安堵し、寺内の不入権を認めること、②一揆に参加した人々を赦免すること、であった。家康はこれを承諾し、一向一揆はようやく静まったのである。

一揆が静まると、家康は、反家康の酒井忠尚、東条吉良義昭、八ツ面《やつおもて》荒川義広《あらかわよしひろ》、桜井松平家次《いえつぐ》、大草《おおくさ》松平昌久《まさひさ》らを降伏させ、松平家次を除く人々を追放した。また一揆に加担した家康旧臣の多くも、三河を去った。すると家康は、一向宗寺院に改宗を迫り、彼らがこれを拒否すると、寺院、末寺《まつじ》、道場をことごとく破却し、僧侶らを他国に追放して、一向宗を禁令としたのである。これ以後、天正《てんしょう》十一年に、家康が一向宗赦免を決断するまで、一向宗寺院が再興されることはなかった。

家康の三河統一

家康にとって幸運だったのは、今川氏真が三河侵攻を宣言していたにもかかわらず、それを実行しなかったことである。このことと、遠州忩劇は間違いなく関係があると思われる。三河攻めのために、大課税までしておきながら実行しなかったことで、氏真は遠江衆への求心力を失ったのだろう。そこに、家康の調略が仕掛けられたわけだ。

また三河一向一揆勃発時、遠州忩劇が発生していたため、氏真は三河に進めず、東三河の吉田城代大原資良《おおはらすけよし》、田原《たはら》城代朝比奈元智《あさひなもととも》、牛久保城主牧野成定《まきのなりさだ》も、遠江の動向が不安なため、これを好機に家康攻めに踏み切ることができなかった。

かくて東三河の今川方が逡巡《しゅんじゅん》している間に、家康は三河一向一揆を平定し、逆に氏真の援軍が見込めぬ東三河の今川方へ襲いかかったのである。永禄八年三月、家康は吉田城、田原城を相次いで降伏させ、吉田城には重臣酒井忠次《ただつぐ》を、田原城には本多広孝を配置した。

そして永禄九年五月、残る牛久保城主牧野成定を降伏させ、家康は遂に三河統一を成し遂げたのである。

　永禄九年、家康はこれを契機に、摂関《せっかん》家近衛《このえ》前久《さきひさ》を通じて朝廷工作を行い、十二月二十九日、正親町《おおぎまち》天皇より従五位下《じゅごいのげ》、三河守に叙任され、名字も「徳川」と改めた。かくて、松平蔵人佐《くらんどのすけ》家康は、徳川三河守家康となり、三河の国主に認定され、名実ともに戦国大名となったのである。

第二章　甲三同盟と今川氏滅亡

甲尾同盟の成立と武田家の内紛

松平元康が三河を統一し、徳川三河守家康となっていたころ、武田信玄は大きく躓《つまず》いていた。そのきっかけは、信玄が織田信長と同盟（甲尾《こうび》〈甲斐・尾張〉同盟）を締結したことにある。永禄八年（一五六五）のことであった。

この同盟は、天文《てんぶん》末年以来、武田・織田間で断続的に続いていた東美濃《ひがしみの》情勢の鎮静化を双方が目論んだ結果である。東美濃には、岩村《いわむら》城主遠山景任《とおやまかげとう》、苗木《なえぎ》城主遠山直廉《なおかど》の兄弟を盟主とした遠山一族が盤踞《ばんきょ》していた。彼らは、美濃斎藤（斎藤義龍《よしたつ》のときに一色《いっしき》氏と改名）氏、尾張織田氏や武田氏との間で去就が揺れ動き、しばしば三氏対立のきっかけを作ってきた。三氏の境目という遠山一族の本領の特性が、彼らを台風の目としてきたわけである。

当時、織田信長は、美濃稲葉山城主一色（斎藤）龍興《たつおき》と激しい角逐《かくちく》の真っただ中にあり、東美濃岩村・苗木遠山氏を影響下に置く武田信玄の動向に、神経を尖《とが》らせていた。永禄七年、信長が上杉謙信《けんしん》と友好関係を樹立したのは、これが背景にある。

いっぽうの信玄も、同盟国北条氏康とともに、関東で上杉謙信との抗争が本格化していたから、東美濃での不安定化は避けたかったのが本音である。そこに問題が発生した。

永禄八年四月、東美濃の神篦《こうの》（岐阜県瑞浪《みずなみ》市）で、武田方と織田方が衝突したのである（『信長公記』巻三・元亀元年九月十六日条、『甲陽軍鑑《こうようぐんかん》』）。信長は、すぐに織田方を撤収させ、事態の収拾を図った。その直後から、信長は武田氏との接触を開始したとみられ、九月九日、織田忠寛《ただひろ》（津田《つだ》一安《いちあん》）を使者として派遣し、同盟締結を申し入れた。この時信長は、自分の養女苗木氏（遠山直廉女、龍勝院《りゅうしょういん》殿、信長の姪《めい》）を、信玄の息子諏方《すわ》勝頼《かつより》と娶《めあわ》せることを同盟の条件として提示した。東美濃情勢の悪化を憂慮していた信玄はこれを受諾し、十一月、勝頼と龍勝院殿の婚儀が実施されることとなった。かくて、甲尾同盟が成立する運びとなった。

　このように、武田・織田の甲尾同盟は、東美濃情勢を引き鉄とした安全保障の構築こそが主眼であった。ところが、この同盟を、信玄による反今川路線（三国同盟解消路線）と受け取ったのが、信玄の嫡男太郎《たろう》義信《よしのぶ》であった。彼の正室は、今川義元の息女嶺松院《れいしょういん》殿であったこともあり、義信は武田家中における今川派（三国同盟維持派）の巨頭であったのだ。義信は、甲尾同盟締結に反対し、永禄八年十月初旬、信玄暗殺のクーデターを計画したが、察知され、義信をはじめ重臣飯富《おぶ》虎昌《とらまさ》を含む義信派は捕縛された。飯富は、十月十五日に処刑され、多くの義信派の家臣が追放された。時期は定かでないが、義信は甲府東光寺《とうこうじ》に幽閉され、信玄の後継者の地位を剥奪（廃嫡《はいちゃく》）されたのである。

信玄と義信の関係は断絶したまま、二年の時間が経過した。その間、快川紹喜《かいせんじょうき》をはじめとする臨済宗《りんざいしゅう》の高僧らが調停を試みたが、信玄の怒りが解けることはなかった。信玄は、永禄十年八月、「第六次川中島合戦」が開始される直前、信濃国小県《ちいさがた》郡岡城に在陣中であったが、ここで同陣していた家臣、国衆ら二三七人より、起請文《きしょうもん》（神仏に誓約する文書）を提出させた（「生島足島《いくしまたるしま》神社起請文」「下之郷《しものごう》起請文」）。その内容は、信玄に忠節を尽くし、謀叛を企《くわだ》てぬことなどを骨子としていた。信玄が、この起請文を提出させたのは、義信の死が近いことが背景にあるとみられる。義信の最期については、自害説と病死説が対立していたが、近年、武田義信法語《ほうご》（仏の教えを説いた文章）が公表され、そこに病死と明記されていることが確認された（黒田基樹・二〇二二年）。つまり、この起請文が作成されたころ、義信の病《やまい》は重篤で、その死は確定的だったのだ。義信の死をきっかけに、家中が動揺することを押さえようとしたのだろう。

永禄十年八月十七日、駿河今川氏真は、甲斐への塩留《しおど》め（食塩の禁輸）を命じた。これは、起請文提出と連動しているとみられる。氏真は、武田家臣らが信玄に起請文を提出したことで、義信の行く末が決定的となったと考え、信玄の思惑に危機意識をもったのだろう。いずれにせよ同盟国に対する塩留めは、敵対を意味したのであり、これ以後、武田・今川同盟は急速に冷却化していく。そして、その二ヶ月後の十月十九日、義信は東光寺で死去した。享年三十。ここに、今川氏真の動きが胡乱《うろん》となっていく。

今川・上杉の密約と武田・織田の連携

武田義信が死去すると、今川氏真は信玄に、妹の義信未亡人（嶺松院殿）を駿府に送り返すよう求めた。信玄は、同盟破綻に至ることを危惧し、これを拒否したが、北条氏康が仲裁に入り、義信未亡人が帰国しても、同盟は継続されることを誓約する起請文の交換をすることで合意した。この結果、永禄十年十一月十九日、嶺松院殿は駿府に帰ったという。

そしてこの直後の十二月から、氏真は秘かに越後上杉謙信との同盟交渉（駿越《すんえつ》〈駿河・越後〉交渉）を開始した。義信の死をきっかけに、信玄が今川攻めに踏み切るのではと危惧したからである。永禄十一年四月、駿越交渉はほぼ合意に達し、今川・上杉両氏は、連絡を緊密にし、信玄より計略の書状が届いたらすぐに知らせることや、氏真からの要請があり次第、上杉軍は信濃に出兵することなどを確認した。

いっぽうの信玄は、時期は定かでないが、駿越交渉を察知し、その詳細を把握した。彼は、この交渉と上杉・今川同盟の成立の目的が「信玄滅亡の企て」にあることに気づき、氏真打倒に向けて本格的に動き出す。

ちょうど同じころ、織田信長は上洛に向けての環境づくりに奔走していた。武田と今川の関係が悪化しつつあった永禄十年八月、信長は、宿願だった美濃稲葉山城の攻略を達成し、一色龍興を追放して美濃を平定したのである。これを知った足利《あしかが》義昭《よしあき》（室町幕府十三代将軍義輝《よしてる》の弟）は、越前《えちぜん》朝倉《あさくら》義景《よしかげ》に庇護されていたが、信長の美濃平定を知ると、上洛支援を要請した。信長はこれを了承し、永禄十一年七月、義昭を美濃に迎え、上洛の準備に入ったのである。

信長にとって、上洛戦を実施するためには、周囲の大名との調整が不可欠であった。すでに上杉謙信、武田信玄、朝倉義景とは義昭供奉の上洛戦について、了承を取り付けていた。問題となったのは、駿河今川氏真の動向と、信玄・謙信の関係である。とりわけ、尾張・美濃が手薄になる隙を、今川氏に後ろを衝かれることがないようにせねばならなかった。この結果、足利義昭、織田信長と武田信玄は、義昭上洛に向けた環境作りのために結束することとなり、その重要な合意が成立する運びとなった。

それは、武田が今川攻めを行うことを、義昭、信長が認めたことである。信長としては、上洛戦に集中するためにも、今川対策が不可欠であったし、義昭もまた同じであった。ここに、足利義昭は自らが再興を目指す室町幕府体制において、今川氏真を切り捨てることを選択したことになる。また信長は、自身は今川攻めに参画する余裕はないが、同盟国徳川家康にそれを委《ゆだ》ねることとした。

かくて信長を仲介として、徳川家康と武田信玄が、対今川戦のために接近することとなったのである。

家康と信玄、手を結ぶ

織田信長の仲介により、徳川家康と武田信玄は、今川氏真攻めに関わる同盟を締結した。これが甲三《こうさん》（甲斐・三河）同盟である。問題なのは、両者がいつ同盟を締結したのかが、史料の不足もあってはっきりしないのだ。ただ、永禄十一年のことであったのは間違いない。

また、同盟締結の時期と同じく、その内容についても、研究者間で合意を見ていない。とりわけそれは、今川攻めをめぐる徳川・武田間の勢力分割協定の内実であり、この問題こそが後に、家康と信玄の断交、対決へと発展し、三方原合戦を招来することになるのだ。

徳川・武田氏間の外交交渉について、主要な学説を紹介しておこう。まず、小笠原春香氏は、徳川・武田間で、今川領国の分割領有などの具体的協議はなされておらず、口約束程度のものであったのではないかと主張した（小笠原春香・二〇〇八年）。

いっぽう、柴裕之氏は、徳川・武田の今川領国分割協定は、織田信長を仲介としたものであったため、その境界について詰めの交渉が甘く、曖昧な部分を残してしまったのではないかと述べた（柴裕之・二〇一七年）。

これに対し、本多隆成氏は、徳川・武田両氏の間で具体的な協議はなされており、さまざまな密約が存在したことは間違いないが、それについては明確な史料が不足していると述べている（本多隆成・二〇一九年）。

これらの学説に対し、近年丸島和洋氏は、徳川・武田間で、今川領国分割に関する密約は存在せず、それは駿河・遠江をともに自力次第とするというものではなかったかと主張した（丸島和洋・二〇二二年）。

私は、これらの学説に対し、以下のような見解を述べている（平山・二〇二二年③）。まず、甲三同盟成立時期は、信玄の北信濃出陣と第七次川中島合戦が展開された時期を外すとすれば、永禄十一年七月から九月あたりではなかったかと推定した。

そして、この時、徳川・武田間で合意された同盟の内実は、以下のように考えた。

第一に、今川領国への軍事侵攻について、相互に連絡を取り合い、同時に動き出す密約だったことである。第二に、家康から信玄のもとに人質が提出されたようだ。この時、確認できるのは、徳川重臣酒井忠次息女であるが、他に家康の異母弟久松《ひさまつ》勝俊《かつとし》も武田に送られていたようだ。ところが、武田氏から徳川氏に人質が提出されていた形跡はない。このことから、甲三同盟は対等の体裁を取りながらも、信玄は家康を格下にみていた可能性が高く、家康もまた信玄との力関係から、その求めに応じざるを得なかったのではないかと考える。第三に、徳川・武田両氏は、互いに連絡や合意なしに今川氏や今川方と和睦をしないことを堅く約束していた。第四に、今川領国分割に関する密約である。このことは、後で述べよう。そして最後に、徳川・武田両氏は互いに騙したり出し抜いたりしないということを誓約していたようである。

以上の五項目が、甲三同盟の内実であったと考えられる。ところが、この中で、今川領国分割問題が、家康と信玄との間で揉め事の原因となり、やがてそれが甲三同盟破綻へと至ることとなる。

今川領国分割問題

甲三同盟締結の際に、主題となったといわれる今川領国分割問題については、現在、研究者間で議論となっている。果たして、徳川・武田間で今川領国分割の密約が結ばれたのだろうか。いうまでもなく、これに関する同時代史料は確認されていない。今日、それを窺《うかが》わせる史料は、『甲陽軍鑑』と『三河物語』が著名である。

(1)『甲陽軍鑑』巻十二

三河岡崎の徳川家康、本国三州を大かたてに入、そのとし廿《にじゅう》七歳にて、時刻を見合、七千計の人数をつれ、遠州いのやに菅沼・鈴木・近藤三人、覚あるぶしどもをさしをき、家康ハいり山瀬といふ所に馬を立て、信玄公へ使をしんじ申上る、今川氏真、懸川に居られ候、氏真をバ家康うけとり候て、せめほし可申候《もうすべくそうろう》、信玄公ハ駿州を治めなされ候ハヾ、その御太刀かげをもつて、大井川をきりて、遠州をバ一国、家康手柄次第にきりしたがへ可申候と被申越候

(2)『三河物語』

A(永禄十一年・第二中)

扨又《さてまた》、甲斐ノ武田之信玄ト仰合て、家康ハ遠江ヲ河切に取給え、我ハ駿河ヲ取ント仰

合て、両国へ出給ふ

B（元亀三年・第三下）

然《しか》る所に、元亀三年壬申之年、信玄より申被越けるハ、天竜の河をきりて、切取らせ給へ、河東ハ某が切取可申と相定申処に、大炊《（大井）》河ぎりと仰候う儀ハ一円に心得不申《こころえもうさず》、然ば手出を可仕とて、申之年、信玄ハ遠江へ御出馬有（後略）

（3）『武徳編年集成』

兼々信玄諜者《ちょうじゃ》ヲ以テ、神君ノ元老酒井左衛門尉忠次迄氏真亡国近キニアリ、徳川殿遠州ヲ攻取玉《せめとりたま》ハヾ、予今川ヲ亡シ、大井川ヲ界トシテ駿州ヲ収ムベキ旨ヲ達ス、神君御許容有テ起請文ヲ投ゼラレシカバ信玄悦デ一簡ヲ呈シ、同ク起請文ヲ報ズ

まず『軍鑑』は、徳川と武田の今川領国分割協定を、両軍の出兵後のこととしており、これは事実ではなかろう。分割案の提示は、家康側からということになっていて、大井川《おおいがわ》を境界に自力次第ということになったとある。

『三河物語』Aは、「川切《かわぎり》（河切）」という条件で、駿河は武田、遠江は徳川が領有するこ

とで合意したとある。このことから、目安とされた河川は大井川である。ところが、『三河物語』Bによると、元亀三年（一五七二）に信玄は、突然家康に対し、天竜川《てんりゅうがわ》を境界として東側を武田に寄こせ、川東は信玄が切り取ると約束していたのに、大井川の「川切」だと言った覚えはない、了承せねば攻め込むぞと脅しをかけてきたといい、まもなく開戦したとある。

　この今川領国分割案について、現在、四説が対立している。まず柴裕之氏は、今川領国分割について、武田側は天竜川、徳川側は大井川と、「川切」の認識に齟齬《そご》があり、このため衝突に至ったと主張している（柴裕之・二〇一七年）。次に二〇一七年に丸島和洋氏は、分割問題について、徳川側が大井川と認識したのに対し、武田は天竜川と主張できるよう具体的な河川を示さず、「川切」という曖昧な提示をしていたことが、衝突の背景になったと主張した（丸島和洋・二〇一七年）。これらに対し、本多隆成氏や私は、大井川を目安として駿河は武田、遠江は徳川とする原則だが、遠江については、切り取り次第とすることで、信玄が遠江を切り取ってもよいという含みを持たせていたと推定した（本多隆成・二〇一九年、平山・二〇二二年①）。

　ところが、丸島和洋氏は、二〇二二年に、徳川・武田間で、今川領国分割については、河川などの境界規定を設定せず、駿河・遠江ともに、武田と徳川の自力次第とするのが密約の実態だったと主張し、二〇一七年に主張した自らの学説を撤回したのである（丸島和洋・二〇二二年）。

当時の書状を検討すると、武田信玄は、徳川家康に遠江出兵や懸川《かけがわ》侵攻の意思を伝えており、家康もまたこれに反対していない。それどころか、家康は、遠江国衆に対する武田方の調略が実施されることを想定しつつ、武田ではなく、徳川に帰属するよう説得をしているのだ。

いっぽうの家康も、駿河の今川方に調略の手を伸ばしていた節が認められる。家康は、（永禄十一年）五月十一日付で、今川重臣岡部《おかべ》正綱《まさつな》に書状を送り、徳川に帰属するよう誘いをかけているのだ（家康一〇二）。このことから、家康もまた自力で駿河に手を出していたと推察され、丸島氏の新説の妥当性が高まったといえるだろう。

それでも私は、戦国を生きた人々が記した『軍鑑』や『三河物語』が記す「川切」という目安の存在を否定しさることには躊躇《ちゅうちょ》を覚える。今のところ、私は、徳川・武田間で合意された今川領国分割協定とは、一応、「川切」を目安とするが、両氏ともに駿河・遠江を自力次第（切り取り次第）とし、どちらがそれらに手を伸ばそうと問題としない、というものではなかったかと考えている。記して後考をまちたいと思う。

家康と信玄、今川氏真を挟撃す

永禄十一年十二月六日、武田信玄は、今川氏真との同盟を破棄し、大軍を率いて駿河侵攻を開始した。驚いた今川氏真は、軍勢を率いて薩埵峠《さったとうげ》に今川軍を展開させ、自らは清見《せいけん》寺《じ》に本陣を置いて、武田の侵攻を食い止めようとした。ところが、今川方には、すでに信玄の調略の手が伸びており、武田軍が薩埵峠に接近すると、今川家臣朝比奈、瀬名《せな》、庵《い》原《はら》、葛山《かずらやま》らが軍勢をまとめて陣払いをしてしまい、戦線から離脱したのである。かくて今川軍は、戦わずして崩壊した。

武田軍は、難所の薩埵峠を難なく突破し、駿府に向かった。氏真は、清見寺から駿府に撤退したが、追撃してくる武田軍を支えることはできず、十三日、駿府を放棄して、懸川城に向けて脱出を図った。この時、氏真正室早川殿（北条氏康息女）は、乗り物もなく、歩行で夫の後を追わなければならないほどの混乱ぶりであった。武田軍は、駿府にいた駿河、遠江から今川氏に提出されていた人質らを多数確保すると、町に火を放った。

いっぽうの徳川家康も、武田軍の侵攻直後に、三河を出陣し、井伊谷《いいのや》三人衆（近藤康用《こんどうやすもち》、菅沼忠久《すがぬまただひさ》、鈴木重時《すずきしげとき》）の手引きを受け、十二月十三日、遠江に侵攻した。ただ、本坂道《ほんさかみち》周辺に割拠する本坂後藤《ごとう》氏、日比沢《ひびさわ》後藤氏、佐久浜名《さくはまな》氏などは武田方の調略を受けており、家康に対抗する姿勢を見せたという。そのため、徳川軍は本坂道を利用できず、宇利峠《うりとうげ》から柘植山《つげやま》（黄柳野《つげの》、愛知県新城市）、奥山方広寺《おくやまほうこうじ》を経て井伊谷に入り、二俣城の今川方を開城させた。

徳川氏は、引間城主江馬《えま》氏（もと飯尾連龍家臣）の調略を行いつつ、十二月十七日、蒲郷端和法華堂《はしわほっけどう》（長光山妙恩寺《みょうおんじ》、浜松市）に布陣し（『科註拾塵抄』）、引間城の開城交渉を行った。引間城内では、徳川か武田かで意見が分裂し、内紛が起こったという。結局、引間城は、在城衆が家康に帰属することを決め、開城したのである。徳川軍の引間城接収は、十二月十八日であったと伝わる（『武徳編年集成』他）。

家康、信玄ともに、十二月十七日ごろまでは、今川領国の切り取りを順調に進めていた。ところが、この頃を境に、両者の潮目が変わっていく。武田軍の動きが止まったのだ。その理由は、北条氏康・氏政《うじまさ》父子の動向にある。信玄は、駿河侵攻に伴い、同盟国北条氏に対し、今川との手切れを伝え、その理由を氏真の裏切りにあると伝えていたらしい。信玄は、氏真が宿敵上杉謙信と同盟交渉を行っていたことを察知しており、これを「信玄滅亡の企て」であると痛烈に批判し、同盟違反だと指弾した。そしてこれこそが、駿河侵攻の理由だと伝え、北条氏に理解を求めたのである。北条家中には、北条氏照《うじてる》のように「氏真がそのようなことをしたとしたら、攻められても仕方ない」と、武田の言い分に理解を示す向きもあったが、氏康が激怒しており、北条は武田と断交することとなった。

北条氏政は、軍勢を率いて駿河に出陣し、駿東《すんとう》郡や富士郡を制圧すると、今川方の大宮城（城主富士信忠、富士宮市）、蒲原《かんばら》城（今川方）などと連携し、薩埵峠を押さえ、武田軍の帰路を封鎖した。ここに、圧倒的優位を誇っていた武田軍は、一転して苦境に陥ったのである。武田軍は、駿府から山西地域を制圧した後に、遠江に向かう予定であったが、それがまったくできなくなってしまった。そればかりか、安倍郡では、井川を中心に反武田の一揆が蜂起し、北条方や今川方と連携しつつ、武田軍の背後を脅かし、駿府奪回を企図したのである。このため信玄は、駿府を離れ、興津川《おきつがわ》を挟んで薩埵峠の北条軍と対峙しつつ、背後で蠢動《しゅんどう》する井川・安倍一揆に対処せねばならぬという苦境に陥った。信玄は、動くに動けなくなってしまったのだ。

これに対し家康は、驚くほど順調に遠江経略を進めていた。最も大きかったのは、馬伏《まむし》塚《づか》城主小笠原氏興《おがさわらうじおき》、高天神《たかてんじん》城主小笠原氏助《うじすけ》の父子が、徳川方に帰属したことである。氏興・氏助父子は、十二月二十一日、家康への帰属を決断した。小笠原氏の徳川帰属をきっかけに、遠江衆は続々とこれに続いたという（『科註拾塵抄』）。家康はこれを受けて、いよいよ今川氏真が籠城する懸川城攻撃に向けて動き出し、引間城を出て、十二月二十七日には、本陣を不入斗《いりやまず》（入山瀬《いりやませ》、袋井市国本）に移した。徳川軍の諸勢も、懸川城の周囲に陣城の構築を開始し、氏真を封鎖する動きに出ていた。かくて、家康と信玄の明暗が、はっきりし始めたのである。

第三章　家康、信玄の訣別

馬伏塚城跡。手前の水田は当時は沼地（静岡県袋井市）

徳川家康の豹変

家康が遠江経略を順調に進めるなか、武田方は信濃伊那《いな》郡より軍勢を遠江に派遣し、遠江の切り取りを本格化させた。この軍勢は、武田重臣秋山虎繁《とらしげ》（伊那大島城代、下伊那郡司〈郡代〉）率いる伊那衆であった。遠江では、遠州忩劇後、奥山大膳亮《だいぜんのすけ》が武田方に帰属していた。その後、駿河侵攻開始直前に、奥山一族を始め、犬居城主天野《あまの》藤秀《ふじひで》の調略に成功し、信玄の駿河出兵に合わせて、信濃・遠江国境青崩《あおくずれ》峠か兵越《ひょうこし》峠を越えて、北遠江に侵入し、見付方面に押し寄せたのである。これは、永禄十一年（一五六八）十二月十五日頃のことであったとされる（『家忠《いえただ》日記増補』他）。遠江は、徳川・

大手口より見た高天神城跡(静岡県掛川市)

久野城跡(静岡県袋井市)

犬居城跡（静岡県浜松市天竜区）

見付宿（静岡県磐田市）

武田両氏の切り取り次第だったのだから、この動きは別段問題なかったはずだった。秋山は、天竜川左岸の磐田原《いわたはら》台地の諸城に誘いをかけ、久野《くの》城の久野一族、馬伏塚・高天神城の小笠原一族などでは、動揺が起こり、徳川か武田かをめぐって内紛が発生したという。だが、徳川方の進出が急であったため、遠江衆は徳川方に帰属する動きが加速していた。情勢は、徳川優位だったといえる。しかも、信玄は遠江にまもなく出兵すると家康に伝えてきていたが、北条軍に背後を取られ動けず、それが実現する見通しは低くなった。信玄の苦境を見て、家康は豹変した。

永禄十二年一月早々、家康は、北条軍と対峙する信玄のもとに書状を送り、秋山勢の遠江侵攻は重大な盟約違反だと難詰《なんきつ》したのである。信玄はこれに驚いたが、北条と対陣を余儀なくされたばかりか、今川方の蠢動もますます激しくなり、背後を脅かされている状況だったから、徳川との関係悪化は絶対に避けねばならなかった。遠江は、徳川・武田の切り取り次第だったはずなのに、家康はそれを忘れたかのように、遠江は徳川が保持すべきものだとの態度を鮮明にしたのだった。これは、明らかに、苦境に陥る信玄の弱みに付け込んだ、家康の仕掛けだったといえる。

信玄は、家康を宥《なだ》めるために、二月、起請文の取り交わしを行い、盟約を再確認した。

この起請文のなかには、互いに連絡することなく、今川方と和睦しないという条文があったようだ。信玄は、家康からの抗議を受け、秋山虎繁勢に使者を送り、遠江から撤退し、駿河の武田軍に合流するよう命じた。秋山勢の撤収により、遠江は徳川方の独壇場になりつつあった。

徳川・今川・北条の和睦と信玄

その後、家康は懸川城の今川氏真包囲を、信玄は北条軍との対峙をそれぞれ続けていたが、戦局は膠着《こうちゃく》状態となった。こうなると、本国甲斐との連絡を絶たれていた武田軍は、補給が続かず、危機的な状況に追い込まれていた。信玄は、四月二十四日早朝、秘かに興津の陣所から退却を開始し、甲駿国境の樽峠《たるとうげ》を越えて、二十八日、無事に甲府に帰還した。北条軍は、武田軍の退却をまったく察知できず、追撃をすることができなかった。武田は、駿府を放棄したのである。

いっぽうの家康は、氏真を徐々に追い込んでいった。今川方の士気は高く、徳川方の攻撃を何度も撃退したばかりか、城外に討って出て、徳川軍を苦しめていたが、兵粮の欠乏が深刻となり、籠城を続けることが難しくなっていたのである。

佐久城跡（静岡県浜松市北区）

兵粮の欠乏は、徳川軍も同じで、補給は頭の痛い問題であった。実は、徳川方は、後方に敵を抱えており、彼らの蠢動のせいで、補給が途絶えがちだったようなのだ。遠江では、佐久《さく》城主浜名頼広《はまなよりひろ》、宇津山《うつやま》城代大原資良、堀江・志津（新津）城主大澤基《おおさわもと》胤《たね》、堀川《ほりかわ》城の地下一揆《じげいっき》（村の土豪・百姓らが協力して蜂起したもの）などが健在であった。彼らの活動もあり、今川方は浜名湖水運の制海権を離さず、また本坂道や東海道の陸路も寸断されていた。

家康は、この状況に鑑《かんが》み、永禄十二年二月から四月にかけて、軍勢を割き、これらの制圧に取り掛かった。その結果、浜名氏は甲斐に逃亡し、宇津山城は開城となり、

宇津山城跡（静岡県湖西市）

堀江城跡。城跡は現在、遊園地「浜名湖パルパル」となっている（静岡県浜松市西区）

堀川城の一揆も壊滅した。最後まで抵抗を続けた大澤基胤も、四月に降伏、開城したことから、徳川方は三河から遠江に繋がる補給路の確保に成功したのである。家康は、四月下旬、信玄が駿河から撤退すると、今川氏真に和睦交渉をもちかけた。この結果、今川氏真は懸川城を開城すると約束した。五月六日のことであったという（『家忠日記増補』『武徳編年集成』他）。五月十五日、氏真は懸川城を出て、城は徳川方に引き渡された（戦今二三八八号他）。

この時、家康は同時に、駿河を制圧した北条氏政とも和睦している。これを受けて、家康は、降伏した氏真の身柄を、正室早川殿ともども北条方に引き渡した。巷間《こうかん》伝えるところによると、氏真夫妻は、遠江懸塚《かけづか》湊（掛塚湊）より海路、伊豆に送られたといわれるが、これは誤りであり、実際は陸路、北条綱成《つなしげ》軍に護られつつ、蒲原城を経て伊豆大平《おおひら》新城に入っている（戦今二三六二号他）。

家康が、今川氏真と和睦しただけでなく、北条氏政とも手を結んだことを知った信玄の怒りは凄《すさ》まじかった。家康の行為は、盟約違反であったからである。信玄は、織田信長に再三書状を送り、家康の不実を詰《なじ》るとともに、彼に命じて武田との盟約に従い、北条・今川と敵対するよう求めた（戦武一四一〇号）。

困ったのは信長である。織田・徳川は同盟を結んでいたが、それは対等な関係であり、家康は信長の臣下ではない。それゆえに、信長が家康に、武田信玄との盟約を維持するよう命じたり、強要する立場にはなかった。信長にできるとすれば、勧告するぐらいであるが、判断するのはあくまで家康である。信長と家康の関係については、今もドラマや映画などの影響もあり、織田が上、徳川が下であるかのように理解する向きがあるが、まったくの誤解である。

しかし信玄はそうは考えていなかった。家康は、信長のいうことを何でも聞く人物であり、織田・徳川の清須同盟は、戦国大名織田氏に、岡崎城主の国衆徳川氏が従属するという関係にあったと考えていたようである。信玄は、家康と同盟中は、公的には「徳川殿」「三河」「三州」などと呼び、国主大名として処遇していたが、身内に対しては「松平蔵人」「岡崎」などと呼び、国衆扱いにしており、完全に見下していたことがわかる。こうした信玄の家康観が、甲三同盟における一方的な徳川からの人質提出にも表れているといえるだろう。

それゆえに、武田と徳川の関係が悪化すればするほど、信玄は信長に家康を規制するよう厳しく迫ることとなり、信長がそうはできないのを、わざと実行しないのだと考えるようになり、やがては織田への不信感を募らせる結果を招いたのである。

元亀三年（一五七二）に開始される、武田の対織田・徳川戦開戦の遠因は、ここに求められるであろう。信長も、信玄の怒りに配慮して、武田との同盟を強化すべく、息子信忠《のぶただ》の正室に、信玄の息女松姫《まつひめ》を迎え入れることを申し入れたのである。『甲陽軍鑑』は、婚姻成立を、永禄十年十二月とするが、実際には、永禄十二年頃のことと考えられる。甲尾同盟締結時に、信玄四男諏方勝頼のもとに嫁いだ遠山夫人（龍勝院殿）がまだ健在であったにもかかわらず、信長が武田と重縁を結ぼうとしたのは、家康をめぐる織田・武田の関係悪化を憂慮した結果ではないかと推定されている（丸島・二〇一七年）。

信玄の駿河制圧と家康

駿河から撤退した信玄は、永禄十二年（一五六九）から元亀二年（一五七一）にかけて、北条氏と各地で戦い、駿河の北条方諸城を攻略していった。武田氏は、永禄十二年十二月に、駿府を再占領し、翌永禄十三年（元亀元年）には、駿河の山西地域を制圧した。残るは、富士川以東の富士郡、駿東郡だけとなった。

武田氏は、元亀二年二月、大井川を越え、遠江に侵入したといい、小山城、相良《さがら》城を築

小山城（静岡県吉田町）

き、遠江の橋頭保《きょうとうほ》としたという（『武徳編年集成』）。また一説に、武田氏は、遠江金谷《かなや》（島田市金谷町）にも城を築いたと伝わる（同前、ただし同書は金谷築城を永禄十二年十一月とするが、これは誤記であろう）。これらが事実かどうかは、確実な記録がみられず、確証できない。もし事実とすれば、当時、遠江はすでに家康が仕置きを行っていたので、信玄の軍事行動は、今川・北条と結び、信玄を蔑《ないがし》ろにした家康への牽制という意味合いがあった可能性もある。家康は、この年、信玄と断交するので、巷間伝える元亀二年初頭の、武田氏の遠江侵入は事実かも知れない。記して後考をまちたいと思う。

いっぽうの家康は、元亀元年は東奔西走の日々を過ごした。永禄十二年に遠江仕置きが一段落すると、元亀元年二月には将軍義昭の二条御所落成に出席し、越前《えちぜん》に出陣している。その後、六月には、信長とともに、浅井《あざい》・朝倉《あさくら》連合軍との決戦に参加し、勝利に貢献した（姉川《あねがわ》合戦）。この間、家康は、見付に居城を築くべく大規模な普請を実施していたが、中途でこれを止め、引間城を本拠とする方向に転換している（この詳細は後述）。徳川の遠江支配は、安定し始めていたのだろう。

家康、信玄と断交

元亀元年八月、越後上杉謙信と徳川家康は、同盟締結で合意した（越三《えつさん》同盟）。実は謙信と家康は、永禄十二年二月の懸川在陣中から交渉を始めていた。既述のように、当時家康は、武田の勢力を遠江から追い出すべく、秋山虎繁勢の遠江出陣を盟約違反だと難詰し、信玄を謝罪に追い込んでいた。そのうえで、秘かに謙信と書状の遣り取りを始めていたのである。これは、信玄との断交を、家康が早くも視野に入れていたことを示すものだろう。その後、家康は表面上は武田との同盟を維持し、成り行きを見守っていたし、信玄もまた上杉謙信と和睦（甲越和与《わよ》、永禄十二年七月成立）を結んでいたので、徳川・上杉の交渉は中断したままになったらしい。

その後謙信は、元亀元年七月、甲越和与を破棄し、信玄と断交した。これは、北条氏が謙信のもとに養子三郎（後の上杉景虎《かげとら》）を送ってきたことに応えたものである。これを契機に、謙信と家康の交渉が再開され、家康は信玄との同盟を破棄し、十月、越三同盟を締結した。

この越三同盟により、家康は謙信と協同で武田を攻めることや、織田と武田間で進められている縁談（織田信忠と松姫の結婚）を破談にすべく、家康が信長を説得することなどが約束されていた。

家康が甲三同盟を破棄しただけでなく、宿敵上杉謙信と越三同盟を結んだことに、信玄は激怒した。通常であれば、即開戦となるが、そうはならなかった。なぜならば、信玄は信長と甲尾同盟締結中であり、また家康との甲三同盟は、信長の仲介だけでなく、将軍足利義昭の意向も強く働いていた経緯があったからである。家康は、将軍義昭とも直接繋がっていた戦国大名（国主大名）でもあったのだから、彼らを無視して戦いに踏み切るわけにはいかなかった。ましてや、信玄は北条氏との戦いに明け暮れている真っ最中であったし、上杉謙信との甲越和与も破綻した段階でもあったので、家康との開戦などできようはずもなかった。もし今、家康と開戦すれば、信長との同盟も破綻となり、武田は四方を敵に囲まれる可能性が高かった。そうなれば、信玄は滅亡に追い込まれる恐れが強かったのである。

　だが、転機は元亀二年十月に訪れた。北条氏康が、十月三日に死去したのである（享年五七）。父の死を受けて、北条氏政は、上杉謙信との越相《えっそう》（越後・相模）同盟を破棄し、武田信玄との甲相《こうそう》（甲斐・相模）同盟復活に向けて秘かに動き出した。氏政は、同盟を締結したにもかかわらず、一向に武田攻めを実行しようとしない上杉謙信に、不信感を募らせていたからである。かくて、元亀二年十二月二十七日、甲相同盟復活が宣言され、氏政は上野国の北条方に、上杉方を攻撃するよう命じている。

　甲相同盟復活に伴い、北条氏に庇護されていた今川氏真は、北条領国から退去し、正室早川殿を伴い、徳川家康に庇護されることとなった。これ以後、氏真は、駿河・遠江の旧今川方への調略を担い、織田・徳川方として活動するが、やがてその任を解かれ、京都や江戸で文化人として長い余生を送ることとなる。氏真は、慶長十九年（一六一四）に死去したが、今川家は江戸幕府高家として続いている。

第四章　開戦

信玄、秘かに爪を研ぐ

元亀《げんき》二年（一五七一）、武田信玄は、領国に大規模な軍役衆《ぐんやくしゅう》（在村被官。軍役を課せられた百姓）の募集を行い、それまで参陣してこなかった村町の男子を、兵として動員することに邁進《まいしん》した。もし参陣に応じれば、春夏二回の棟別銭《むなべつせん》はもちろん、人足普請役、その他のあらゆる諸役（公事《くじ》）を免除し、隠田《おんでん》（密かに耕作した水田）が発見されてもそれに課税しないなど、異例の特権を与えて遇したのである。これほど大規模な免税措置は、これまで武田氏の戦場に参加してきた軍役衆たちが、永年徐々に戦功と引き換えに認められた特権だったのだが、元亀二年の軍役衆募集は、最初からこの特権の付与を明言したところに特徴がある。それほど、兵力の補充が必要だと信玄は考えていたのだろう。北条・上杉、そして来るべき対織田・徳川戦を想定した、新規兵力の募集だと考えられる。

同年十二月、北条氏政との甲相同盟を復活させた信玄は、織田信長との同盟強化に向けて動き出した。というのも、元亀二年九月十六日、武田勝頼正室遠山氏（龍勝院殿）が高遠《たかとお》で死去したからである。甲尾同盟は、婚姻を欠く事態に直面していた。そこで信玄は、信長との間で元亀元年以来続けられていた、縁組みを本格的に進めることにしたらしい。

その結果、元亀三年閏一月、武田・織田両氏は、松姫と信忠の婚姻に向けて、大詰めの交渉に入った。ところで、この交渉の織田側の取次は、明智光秀《あけちみつひで》であったが、近江坂本《おうみさかもと》城の普請に忙殺されており、栖雲斎歳阿《せいうんさいさいあ》（将軍義昭の同朋衆《どうぼうしゅう》〈将軍に仕え雑務や芸能に従事する者〉）が代理で進めることになったという。織田・武田の甲尾同盟は、縁組みによる関係強化で再構築される運びとなっており、両者の間柄には一点の曇りもみられない。

ところが、元亀三年五月、信玄の動きが不穏になっていく。信玄は、美濃国郡上《ぐじょう》郡遠《えん》藤《どう》氏を味方に付け、織田信長打倒を目論むようになる。実は、元亀三年一月、大坂本願寺《ほんがんじ》の法主《ほっす》顕如《けんにょ》は、信長との石山合戦が激しくなるなか、信玄に支援を求めていたのである（戦武四〇四五号）。信玄が、織田との同盟を破棄し、家康とともに攻撃対象にすることを決意したのは、これが契機だったのではないかと思われる。だとすれば、信玄が織田との縁組みに前向きだったのは、その意図を秘匿するための擬態だった可能性が高い。

その後、信玄は、家康の本国三河の山家三方衆《やまがさんぽうしゅう》（作手《つくで》城の奥平氏、長篠《ながしの》城の菅沼氏、田峯《だみね》城の菅沼氏）を調略し、秘かに味方に付けることに成功していた。野田《のだ》城主菅沼定盈《さだみつ》にも調略の手を伸ばしたようだが、定盈は武田に靡《なび》くことはなかったらしい。このことから、信玄が三河衆へ盛んに調略の手を伸ばしていることを、家康は察知していた可能性があるだろう。また遠江衆の奥山、天野、松井氏らも、武田氏の調略に応じていた。

長篠城跡（愛知県新城市）

野田城跡（愛知県新城市）

さらに信玄は、将軍足利義昭の命を受け、織田信長と大坂本願寺の仲介役を務めつつ、義昭、信長の意向により上杉謙信との和睦に前向きな姿勢を見せていた。その裏で彼は、信長と対立する越前朝倉義景《よしかげ》、近江浅井長政《ながまさ》らと盟約を結び、織田・徳川攻撃のタイミングを見計らっていた。

信玄が、比叡山《ひえいざん》再興のために上洛するという噂は、元亀三年八月頃には京で流布していたらしい。元亀三年九月、正親町《おおぎまち》天皇は信玄に綸旨《りんじ》（手続きが簡略化された天皇命令文書）を出し、「比叡山再興」と朝廷への援助を求め、上洛を期待すると伝えていた（遠藤珠紀・二〇一二年）。同じ頃、上杉謙信は、信玄の行動に驚愕していた。というのも、将軍義昭、信長の仲介で武田と進めていた和睦交渉を、突如、信玄が合意寸前でひっくり返したからである。謙信のもとに信玄が言って寄こした言い分は「朝倉義景の仲介ならば和睦に応じるが、信長では駄目だ」というものであったという。

その上で武田方は、越後侵攻の動きを見せ始め、上杉領国では武田が攻めてくるとの風聞が広まり、越中《えっちゅう》在陣中であった謙信はその対応に追われていた。しかも、九月末には武田軍が動き出したとの情報を、謙信も信長も察知したらしい。二人とも、武田軍は越後に向けて進軍し始めたと感じたようだ。信長は急ぎ、信玄に書状を送り、上杉攻めを自重するように求めた。すると、信玄から返書が届き、信長の意向に従い、上杉攻めは中止すると書かれていたという。信長は喜び、十月五日に信玄に書状を送り、侵攻中止に謝意を示した(信長補遺一三〇号)。だがこの時、武田信玄は、徳川家康の領国に向けて進軍中だったのである。

武田軍、徳川領国に侵入す

武田氏は、元亀三年九月に軍勢の召集を終え、北条氏から大藤《だいとう》氏らの援軍を受けると、九月二十九日に山県昌景《やまがたまさかげ》率いる軍勢を、信濃に向けて出陣させた。信玄本隊は、十月三日に甲府を出陣した。山県の軍勢は、諏訪から伊那に入り、大島城代(下伊那郡司)秋山伯耆《ほうきの》守《かみ》虎繁の軍勢と合流し、信濃・遠江国境(青崩峠か兵越峠)を越えて、遠江に侵入した。信玄本隊も、十月十日に駿河から大井川を越え、遠江に侵入した。

上杉謙信も織田信長も、信濃に向かう山県勢を、信玄本隊だと勘違いしていたらしく、この軍勢が越後に向かおうとしていると思い、信玄に自重を促したのである。だが、武田軍が遠江に侵入したことで、信玄の本当の狙いが、家康であることに、信長はようやく気づいた。彼は、信玄にまんまと騙されていたことに激怒し、二度と武田とは手を結ばぬと誓った。

ところがいっぽうで、信玄侵攻直前の、元亀三年八月末から九月頃、信長は武田氏を刺激する動きに出ていた。当時、東美濃遠山一族（遠山七頭）は、大きな混乱に見舞われていた。岩村《いわむら》城主遠山景任《かげとう》と、その弟である苗木城主遠山直廉《なおかど》が、相次いで死去したのである（直廉は五月十八日、景任は八月十四日歿）。直廉は、武田氏の要請に応じ、飛騨《ひだ》に侵攻した際に負傷し、それがもとで帰国後に逝去したとされる。景任も同様だった可能性が高い。この時、岩村と苗木では、後継をめぐって、武田方と織田方が分裂したようだ。東美濃遠山一族は、境目の国衆として、武田・織田両氏に両属の立場を保持しており、双方に合力することで生き残りをはかってきた経緯があった。だが、景任・直廉兄弟の死を契機に、家中が分裂し内乱状態になったらしい。そこで信長は、庶兄織田信広《のぶひろ》と重臣河尻秀隆《かわじりひでたか》を派遣し、遠山一族の武田派を鎮圧させ、岩村城主に息子御坊丸《ごぼうまる》、苗木城主に遠山友勝《ともかつ》（飯羽間《いいばま》遠山氏、織田派）を据えることに成功したのである。遠山一族は、両属から織田領国に編入された。これが武田信玄を刺激したと推定される。信長が、武田に断りなく遠山一族の内紛に介入し、これを併合したことをもって、信玄は織田が一方的な同盟破棄に踏み切ったとみなしたのであろう。だが、信長が東美濃の事態を重視していた形跡はない。信長は、遠山家中からの援軍要請を受けて軍勢を派遣したに過ぎず、これが信玄を刺激することになるとは、まったく想定していなかったのではあるまいか。ここでも、信長と信玄のすれ違いが生じていたといえるだろう。

信玄は、徳川領国に侵入すると、この軍事行動を「三ヶ年の鬱憤《うっぷん》を散じるためのものだ」と喧伝《けんでん》した（戦武一九七六号）。信玄は、元亀元年に家康が甲三《こうさん》同盟を一方的に破棄したばかりか、宿敵上杉謙信と越三《えっさん》同盟を締結したことを深く恨んでいたのである。しかも、それに至るまでに、遠江経略を甲三同盟違反だと詰《なじ》り、秋山勢を追い出したことや、今川氏真、北条氏政と勝手に和睦を結んだことなど、信玄には家康に対する恨みが山積していた。さまざまな事情から堅忍《けんにん》を重ねてきた信玄の鬱積が、遂に家康に向かって爆発したのである。

遠江諸城の陥落

信玄本隊は、十月十日に大井川を渡河《とか》し、遠江に侵入した。その進路は、『当代記《とうだいき》』によると、「高天神表」に出てきたのだという。だとすれば、武田軍の進路は、本多隆成氏が推定するように、大井川（色尾《いろお》）→小山城→相良城を経て、塩買坂《しょうかいさか》を越えるのが通常のルートである。信玄がまず狙ったのは、高天神城であった。城主小笠原氏助は籠城したようだが、十月二十一日までには、武田氏に降伏、開城した（戦武一九七六号）。この時、馬伏《まむし》塚《づか》城も同時に開城した可能性がある。遠江の寺社は、続々と武田氏に禁制《きんぜい》（掟や禁止事項などを通知する文書）の発給を申請し、これを授与されている。このことは、地域社会が武田氏に安全保障を求め始めたことを示唆《しさ》する。家康は頼みにならず、信玄に安全保障を託そうと、地域の人々が考えだしていたのであれば、徳川にとって、単に城砦《じょうさい》を奪われる以上の脅威が、遠江を覆い始めていたといってよかろう。

信玄は、十月二十二日には「国中《くになか》」に兵を進めると喧伝した。「国中」とは、見付がある磐田周辺のことである（「国中」とは、国の中心を意味し、それは国府《こくふ》の所在地を指す）。徳川方にとって、高天神城失陥は大きな痛手となった。これにより、懸川城は遠州灘《えんしゅうなだ》との交通を遮断《しゃだん》されただけでなく、武田軍の背後を衝くことができなくなったしまったからである。うっかり動けば、武田方となった高天神城に襲撃される恐れが出てきたのだ。懸川城代石川家成《いしかわいえなり》は、まったく身動きができなくなったのである。信玄本隊は、高天神城から不入斗《いりやまず》（入山瀬《いりやまぜ》）を経て懸川城を牽制しつつ、原川、国本、袋井に進出した。

武田軍が遠江に入ると、遠江衆は続々と従属し始めた。懸川・見付間の土豪らは、信玄

向笠城跡（静岡県磐田市）

に帰属を許されると、武田軍とともに袋井へ向かい、途中、磐田原台地の各地にある古城を再興したり、土豪の屋敷構を砦《とりで》に改造して、協力しあいながら在城したという（『三河物語』）。この時、信玄本隊から離れた遠江の土豪らが、相次いで普請を行い、寄り合いで在城したのは、天方《あまがた》城、向笠《むかさ》城、一之宮《いちのみや》城（真田城）、各輪《かくわ》（和）城などであったという（同前）。

　武田軍は、その日、木原、西島に布陣したという。懸川から東海道を進み、太田川の手前で停止したのだろう。これがいつのことかは明らかでない。高柳光壽『三方原の戦』は、十月十三、四日頃のことと指摘したが、高天神城攻略を伝えた十月二十一

木原畷古戦場（静岡県袋井市）

日付の信玄書状（戦武一九七六号）の発見により、これは否定される。既述のように、信玄はこの書状で、明日にも国中に兵を進めるといっているので、木原、西島方面への進出は、十月二十二、三日頃のことではなかろうか。

徳川・武田の戦闘始まる

信玄本隊が、木原、西島に布陣したその日に、徳川軍との間で戦闘が行われたという。この戦闘は、木原畷《きはらなわて》合戦、三箇野《みかの》合戦、一言坂《ひとことざか》合戦、桃燈野《ちょうちんの》（万能《まんのう》）合戦として、今も語り伝えられている。これらはいずれも、確実な史料にはみられず、軍記物に登場するのだが、このうち一言坂合戦は、

三箇野古戦場遠望（静岡県磐田市）。左上の小高いところが、本多忠勝らの陣所跡と伝わる

只来城跡（静岡県浜松市天竜区）

『三河物語』『甲陽軍鑑』に記述されているので、事実とみてよかろう。

いっぽう、犬居城主天野藤秀は、武田方を案内して、只来《ただらい》城、飯田城を攻略し、そのまま信玄本隊に合流したという。この結果、武田軍は北側から敵に襲われる脅威から解放されることとなった。背後の懸川城代石川家成の動きも、高天神城を押さえたことで封じることに成功しており、信玄は背後をさらに固めるために、久野城主久野宗能《むねよし》攻略に動き出した。久野城が武田方となれば、懸川城は完全に孤立することとなる。

だが、武田の大軍に攻められながらも、久野宗能は籠城に徹し、決して降伏することはなかった。しかしこのままでは、久野城陥落も時間の問題だったのである。そこで家康は、久野城、懸川城後詰《ごづ》めのために、三〇〇〇余を率いて浜松城を出陣した。

まず家康は、内藤信成《ないとうのぶなり》らを大物見として派遣し、さらに本多忠勝《ほんだただかつ》らを増派したという（『武徳編年集成』）。この時、徳川勢の一部が、木原に進み、木原畷で武田軍と衝突したと伝わる。これが、木原畷合戦である。しかし、徳川勢は撃退され、東海道を見付原台《みつけはらだい》（磐田原台地）に向けて逃れた。木原から、見付原台の急斜面を上りきったところが、三箇野である。東海道や鎌倉道が通るこの高台に、本多忠勝らが控えており、追撃してくる武田軍と戦闘になったという。

家康は、見付付近まで進出していたらしい。彼が危険を冒してまで浜松から出てきたのは、これ以上、遠江衆が武田方に靡《なび》かぬよう、久野城、懸川城の後詰めに出て、武田と戦う気概を見せる必要があったからであろう。武田軍に攻撃されている久野城を救援すべく、家康は出陣せざるを得なかったのである。

本多忠勝らの徳川勢が、三箇野台に布陣していることは、木原、西島に在陣する武田軍からもみえたらしい。信玄は、家臣らにあれを逃さず討ち取れと命じた（『軍鑑』）。武田軍は、すごい勢いで徳川勢に迫ってきたという（『三河物語』）。忠勝らは、三箇野台で武田軍を迎え撃ったが、多勢に無勢で長くは持たないと判断し、浜松へ撤退することにした。忠勝らの奮戦で、三箇野台を突破できないとみた武田方は、徳川勢の背後を取ろうと右に回りこみ始めた。これを見た忠勝は、三箇野台を放棄し見付に向けて撤退を開始した。

一言坂合戦

見付に着陣していた家康のもとに、内藤信成や本多忠勝らが続々と撤退してきた。彼らは口々に、味方は寡兵《かへい》であり、この周辺には敵を防ぐための楯《たて》となるような切所《せっしょ》もないので、急ぎ天竜川を渡り、織田の援軍を得てから一戦すべきである。もし敵の追撃が厳しい

一言坂古戦場（静岡県磐田市）

ようなら、天竜川を楯に戦うべきだと進言した。家康はこれを容れ、ただちに浜松城に向けて撤退を開始した（『松平記』『浜松御在城記』）。

ところが、追撃してくる武田軍の速度が、あまりにも早く、このままでは天竜川を渡り切ることは難しいと判断した徳川方は、家康を逃がす時間を稼ぐべく、見付の町に火を放った。見付の町はたちまち炎に包まれ、武田軍は足止めされるかにみえた。ところが、敵は地の利に暗いと考えていた徳川方は、武田軍がすばやく別の方向に移動し、先回りをしようとしたことに驚愕した。このままでは、見付周辺の徳川勢は、背後を封じられてしまう。この時、武

一言坂古戦場碑（静岡県磐田市）

田方に帰属してきた天野藤秀や、遠江の土豪らが案内役となり、武田軍を先導していたといい、見付を迂回《うかい》し、「上の台」へ駆け上がってきた（『三河物語』『浜松御在城記』）。この迂回路は、西坂と呼ばれる道であったと推定されている（岡部英一・二〇二二年）。

　かくて、徳川勢は一言坂で遂に武田軍に追いつかれてしまった。ここで両軍の死闘が始まった。内藤信成は、自分たちが壊滅してしまったら、家康は残された兵力だけで、信玄の大軍と戦わねばならない、だから何としても浜松に帰り、織田の援軍を得て無二の防戦をすべきだ。しかし、これほどの大軍と戦いながら撤退するのは難しく、自分は生きては帰れぬだろうと言ったという。そこへ鹿の角を戴いた黒兜を被った本多忠勝が、敵味方の間に切り込んできて、獅子奮迅の働きをした。これをみた武田方は、かつて甲州の足軽大将で活躍した原虎胤《はらとらたね》、横田高松《よこたたかとし》、小幡虎盛《おばたとらもり》、多田淡路守《ただあわじのかみ》、山本勘助《やまもとかんすけ》の働きぶりを思い出したという。また本多とともに、唐《から》の頭《かしら》（ヤク〈犛牛〉の尾毛を束ねた荘厳用の飾りものを付けた兜のこと）を被《かぶ》った七、八人ほどの三河武者が、目を引く活躍をしたという。これをみた、武田方の小松右近助《こまつうこんのすけ》という旗本の近習《きんじゅう》を勤めていた人物が、この様子を歌に詠《よ》み、「ミつけ坂」（一言坂）に立てたという（『軍鑑』）。

家康に　すぎたるものハふたつあり　からのかしらに　本多平八

この歌は、実際に詠まれたものらしく、寛永《かんえい》四年（一六二七）八月、細川忠興《ほそかわただおき》が息子忠利《ただとし》に送った書状の一節に、若き日の本多忠勝のことを歌ったものとして記録されている（『大日本近世史料　細川家史料2』六〇四号文書、小松優希氏のご教示による）。

いっぽう大久保忠世《おおくぼただよ》らは、一言坂下で殿軍《でんぐん》となり、家康を後方に逃がそうとしていた。この時、大久保勘七郎忠核《かんしちろうただざね》が、都筑藤一郎《つづきとういちろう》の弓に援護され、鉄炮を放ったところ、わずか

一、二間《けん》（一間＝約一・八メートル）ほどの距離しかなかったのに、外してしまったという。これには家康も驚き、どうして外してしまったのだと下問したところ、勘七郎は自分が臆病だったからですと返答した。すると家康は、それはお前が臆病だからではなく、鉄炮の構えと持ち方に問題があったのだと言った。家康は勘七郎に、お前は見付台より敵に追われてきたので、息があがっていたであろう。その時、鉄炮の中程に手をかけ、火皿の下を持って放ったのではないのかと尋ねた。すると勘七郎は、その通りでございますと返答した。家康は、そうであろう。それならば、息を吸うときに筒先が上がり、息を吐くときに筒先が下がるものだ。いつもの時と、追われている時では、呼吸が違うのだから、外れたのも仕方がないことなのだ。それはお前が臆病だからではない。そのような時は、両手で引き鉄の下を持って撃てば、息が荒くとも筒先が狂うことはない、と諭したという（『三河物語』）。

　本多忠勝、大久保忠世らの奮戦で、武田軍の攻勢が緩んだ。これを好機とみた徳川勢は、天竜川に向けて撤退し、家康の後を追った。なお、地元の伝承によると、一言坂から天竜川に向かう途中に、万能というところがあり、ここで徳川勢と武田軍の戦闘があったという。この合戦は、桃燈《ちょうちん》野《の》合戦とされ、日が暮れて周囲が暗くなったため、徳川勢が桃燈を

桃燈野（万能）古戦場碑（静岡県磐田市）

掲げて待機していたところへ、武田軍がまっすぐ攻めかかってきたところ、この周囲は「ゆるぎ」と呼ばれる深田であったため、足下が暗かったのでこれにはまりこんでしまい身動きがとれなくなり、徳川勢にしてやられたとされる。この逸話は、『遠江古《こ》蹟《せき》図《ず》絵《え》』『遠《とお》淡《とう》海《み》地《ち》志《し》』などに記録されている。これを証明する史料がなく、判断が難しいが、合戦が夜であったとの伝承には興味を引かれる。

実のところ、木原畷、三箇野、一言坂での一連の合戦が何時に行われたかは、いずれの諸記録にも記されていないのだ。寡兵の徳川軍が、白昼、木原、西島に充満する武田軍に戦いを挑むのは無謀であろう。ならば、久野城、懸川城への後詰めに出陣し、遠江衆に武田と戦う意思を示すとともに、味方の犠牲を少なくしようとすれば、夜戦を挑むのが通例といえるだろう。これらの合戦が、夜戦であった可能性を指摘しておきたいが、断定するには史料が不足しているのもまた事実である。記して後考をまちたいと思う。

　いずれにせよ、武田軍は家康を捕捉できず、本多、大久保、内藤らの奮戦で、これを取り逃がしてしまった。家康は本多らを心配して、天竜川を渡河し、馬込《まごめ》（浜松市馬込町）で待っていたという（『浜松御在城記』）。本多らも、無事に天竜川を渡り、浜松に撤退した。武田軍は、天竜川で追撃を停止し、引き揚げていったという（同前）。

　だが、一言坂合戦で、徳川方は磐田原台地を失い、見付を制圧されてしまった。武田軍は、見付城（城之崎《きのさき》城）で大規模な城普請を実施した（『当代記』）。この城は、かつて家康が本城に取り立てようとして中止した経緯があり、実はほぼ完成していたといわれる。しかし家康は諸事情から、これを放棄し、浜松城を居城としていた（詳細は後述）。武田軍は、徳川氏が実施していた城普請を基礎に、大改修を行ったとみられる。これにより、浜松と久野、懸川を結ぶ東海道は、完全に封鎖され、両城は敵中で孤立する格好となったのである。

山県・秋山勢の動き

信玄本隊が、遠江を席巻し始めていたころ、信濃伊那に進んでいた山県昌景は、下伊那郡司秋山虎繁らの軍勢と合流し、信濃・遠江国境を越えて、北遠江に侵入した。すでに、奥三河山家三方衆と、北遠江の奥山、天野氏らが武田氏に内通していたこともあり、山県・秋山勢三〇〇〇余は、青崩峠を越え、奥領家《おくりょうけ》、佐久間《さくま》、川合《かわい》、浦川《うらかわ》、池場《いけば》、川合、名越《なこえ》、大野を経て長篠に進んだと推定される（兵越峠は、奥山、犬居方面に抜ける秋葉街道の要所であり、奥三河には通じていない）。山県・秋山軍は、長篠城に入ると、次いで野田城（城主菅沼定盈）に攻め寄せる。そして一帯を放火すると、軍勢を返して、鳳《ほう》来寺道《らいじどう》（金指《かなざし》街道）を経て、井平《いだいら》に攻め寄せた（『当代記』）。なお、井平攻めの直前に、山県・秋山軍は、山吉

井平城跡脇に残る鳳来寺道（静岡県浜松市北区）

田の柿本《かきもと》城を攻略し、城将鈴木重好（井伊谷三人衆）らを追放したという。重好は、井平城（伊平城）に退き、一族鈴木出雲《いずも》（鈴木重時の弟）、援軍近藤石見守《いわみのかみ》康用らと合流した。

まもなく山県・秋山軍が、井平城に攻め寄せてきたため、鈴木方は、十月二十二日、鳳来寺道の仏坂で迎撃したが大敗を喫し、鈴木出雲、鈴木権蔵《ごんぞう》、井伊飛驒守らが戦死したという。勢いに乗った山県・秋山軍は、その日のうちに井平城を攻め落とし、ここに在陣した。

井平城を拠点に、山県・秋山軍は、連日軍勢を祝田《ほうだ》に派遣し、徳川方を挑発した（『当代記』）。これに動揺した井伊谷も武田方の手に落ち、刑部《おさかべ》城なども奪取されたらしい。山県・秋山軍が連日、祝田に出張ったのは、二俣城の包囲、攻撃を始めた武田軍に対し、徳川軍が後詰めに出陣するのを牽制することと、三河から本坂道（姫街道）を経て浜松に通じる補給路の分断が目的であろう。

『当代記』には、山県・秋山軍の祝田進出の意味について「是《これ》二俣へ敵人数出す間敷《まじく》の計也《はかりごとなり》」（これは二俣に徳川軍が出陣するのを阻止するための敵の計略である）と記している。同書によれば、後年家康は、この時、井平の山県・秋山軍を攻めていれば、彼らを簡単に討ち果たすことができたのに、それをしなかったと大いに後悔したという。当時の家康は、信玄とどう戦うかばかりに気を取られていたため、冷静な判断ができなかったらしい。
家康は、山県・秋山軍が、そのまま湖西に攻め込み、要衝宇津山城を奪われることを恐れ、十月二十七日、松平備後守清善（竹谷松平氏）に、宇津山城に在城するよう命じた（愛⑪八二二号）。

山県・秋山軍の侵攻により、徳川方は、奥三河を失い、鳳来寺道（金指街道）を封じられ、本坂道（姫街道）をも脅かされる事態となった。そして東西から武田軍が浜松を窺う情勢となったのである。

さらに織田・徳川方にとって悪いことに、東美濃で異変が起こった。既述のように、元亀三年八月下旬から九月にかけて、織田信長は、当主不在となった東美濃岩村遠山氏、苗木遠山氏のもとに、軍勢を派遣し、遠山一族を織田領国に編入していた。

ところが、十一月、岩村遠山氏の家中が織田から離叛し（「岩村逆心」）、武田氏に支援を求めてきた。「岩村逆心」は、十一月十二日以前のことである（戦武一九八七号）。これを知った信玄は、ただちに岩村城の接収のため、山県・秋山軍とともに井平城に在陣していた下伊那衆下条《しもじょう》伊豆守《いずのかみ》信氏《のぶうじ》を岩村に派遣した（『当代記』）。武田方は、十一月十四日に岩村城を受け取り、軍勢の配置を完了している（戦武一九九〇・一号）。

この時、岩村城にいた信長の息子御坊丸《ごぼうまる》は、武田氏の手に落ち、甲府に送られたと推定される。家康とほぼ時を同じくして、信長もまた武田氏の脅威にさらされ始めたのである。

二俣城攻防戦

磐田原台地の各所で徳川軍と交戦し、これを浜松に追いやった武田軍は、天竜川東岸を北上し、徳川方の要衝二俣城に向かった。途中、匂坂《さぎさか》城の匂坂氏は降伏したらしく、武田方はここに武田一門穴山信君を配置し、浜松の動きに備えた。信君は、十一月七日、徳川方に付いていた遠江衆の調略に着手している（山⑤上九九八号）。

武田軍は、二俣城攻略と、浜松の家康に備えるべく、社山《やしろやま》城を制圧し、信玄自身は合代《ごうだい》島《じま》に本陣を置いた（『三河物語』）。また、この時、武田軍は亀井戸《かめいど》城を築城したとされる。武田軍の二俣城攻めがいつ開始されたかは、史料がなく確認できない。十一月十九日の段階で、城攻めが始まっていることが判明するので、十一月十日以後のことではないだろうか。

そして、二俣城攻めには、別働隊として活動していた山県昌景も参陣し、本隊と合流を果たした（秋山虎繁が合流したかは不明）。山県・秋山は、十一月十四日まで井平城にいるこ

社山城跡（静岡県磐田市）

とが『当代記』から判明するので、昌景の合流はそれ以後のことであろう。

『軍鑑』によると、信玄は二俣城攻めの指揮を、武田勝頼に委ねたという。城攻めは、勝頼、穴山信君、武田信豊《のぶとよ》（信玄の甥）の三人に、武田軍を預け、勝頼指揮のもとで実行された。家康の後詰めに備え、馬場《ばば》信春《のぶはる》、小田原北条援軍ら一七〇〇余と、旗本衆の一部を合わせて四〇〇〇余が浜松方面を監視した。そこへ、家康が八〇〇〇余の軍勢で後詰めに出陣してきて、天竜川を渡河したものの、武田軍に近づくことができず、すぐに撤退してしまったという。この時、武田方は、天竜川の浅瀬と深場の探索ができておらず、困っていたところ、

二俣城跡遠望（中央奥、右は鳥羽山城跡。静岡県浜松市北区）

徳川軍が天竜川を渡ったことから、ようやく渡河地点を知ったといい、その後も、武田方は、徳川方の兵を連日のように生け捕りにし、徳川軍の内情などを聞き出し、豊富な情報を摑んでいたという。ただ、穴山信君は、既述のように十一月七日の段階で、匂坂城に在城しているため、二俣攻めに参加したという『軍鑑』の記述が正しいかどうかは判断できない（その後、二俣に移動を命じられた可能性も否定できない）。

　信玄は、二俣城は簡単に落城すると考えていたようだが、天竜川と二俣川に囲まれた堅固な地形を生かし、城主中根《なかね》正照《まさてる》らは頑強に抵抗を続けた。そこで信玄は、力攻めにしようと考えたが、城の検分を行った山県昌景・馬場信春が、土塁が高くとても力攻めは無理だと諫《いさ》めたので、自重したという。そこで、城の弱点を探っていた武田方は、水の手に着目

二俣城天守台（静岡県浜松市天竜区）

した。二俣城には、城内に井戸がなかったらしく、天竜川へ向けて井楼《せいろう》を組み、ここから釣瓶《つるべ》を降ろし、水を汲《く》んでいるようなので、これを押さえるのが適切だと、山県、馬場らは進言した。そこで、信玄は水の手の破壊に全力を挙げるよう命じた。

二俣城の様子について、『三河物語』は次のように記述している。

> 城ハ西ハ天竜河、東ハ小川有り、水の手ハ岩にて、岸高き崖づくりにして、車をかけて水を汲む、天竜河のおし付なれバ、水もことすさまじき体なるに、大綱をもつて筏をくミて、上よりも流しかけ〳〵、何程共きわもなく重ねて、水の手をとる釣瓶縄を切ほどに、ならずして城を渡す

当時の二俣城は、西に天竜川の大河が控え、さらに城の東から流路を南に変え、城を取り巻くように天竜川と合流する二俣川（「東ハ小川有り」）に囲まれていた（二俣川は、現在流路を変え、北から南流し天竜川に合流しており、往時の面影はない）。二俣城は、井楼（井戸櫓）を川に向けて組み、釣瓶を下ろし、水を汲み上げていた。その構造は、『三河物語』に、「岸高き崖づくり」とあることから、懸《かけ》造《づくり》（崖造、舞台造）だったらしく、崖や傾斜地に、高い縁束を組み、川に

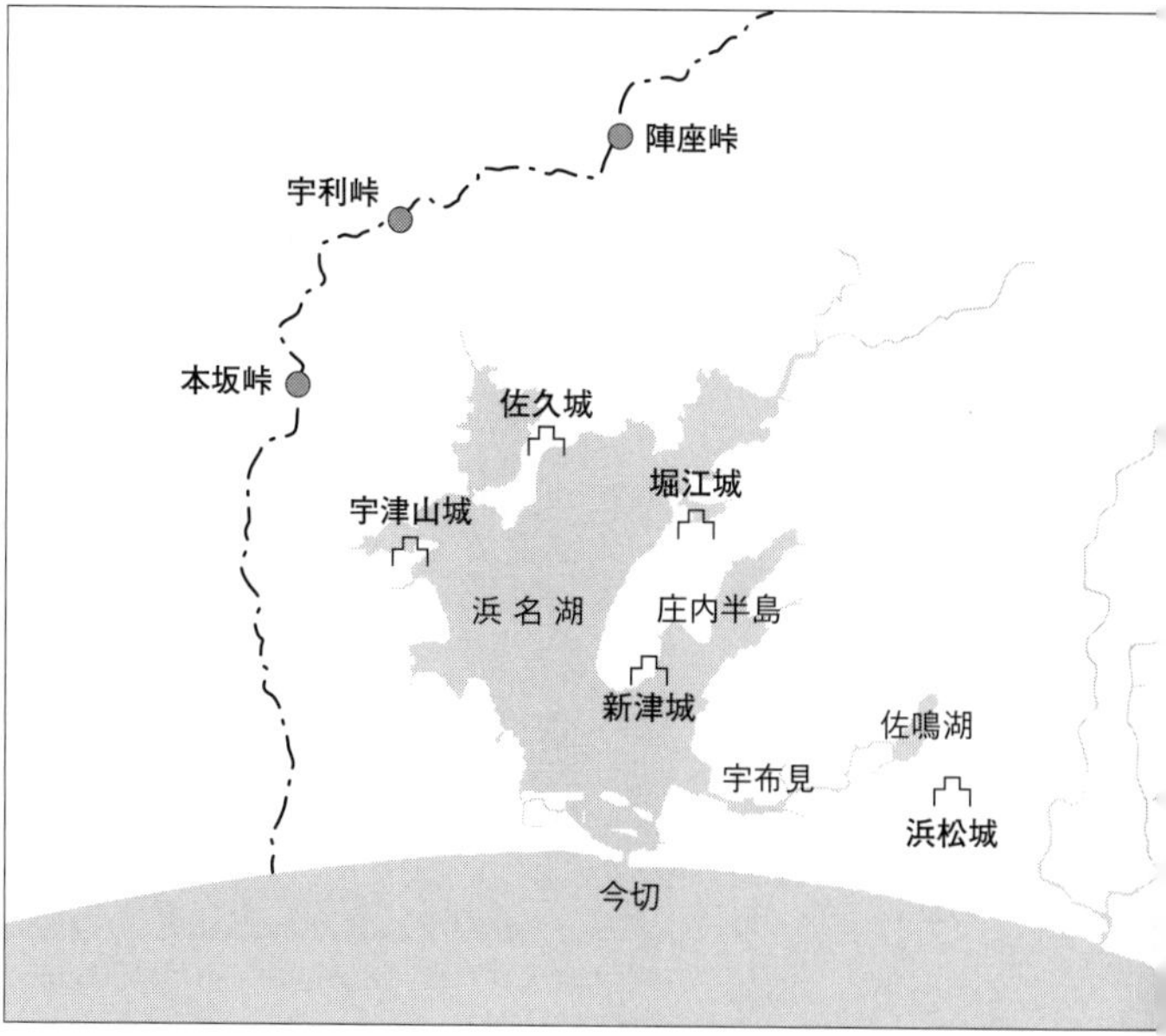

遠江の主要城砦

向けて張り出した建造物だったと想定される。現在、二俣の清《せい》瀧《りゅう》寺《じ》に復元されている井戸櫓と同じ構造である。

　なお『三河物語』には、天竜川に張り出す一ヶ所だけに、水の手があったように記しているが、山県昌景が十一月二十七日付で、奥三河山家三方衆奥平定《さだ》能《よし》に宛てた書状に「二俣諸手垪際へ被押詰、殊方々ニ候水之手五三日以前被取候間、天流之水を汲候、因茲被厳船城岸へ被着置、綆《つるべなわ》を切候間、是も一円不叶、三日中可為落居候」（二俣には諸勢が城際まで攻め寄せ、とりわけあちこちにあった水の手を数日以前に抑えてしまったので、城方は天竜川の水を汲んでいる。そこで、厳しく船を城岸に着けて、縄を切ったから、もう水を汲むことはできなくなった。恐らく三日ほどで落城するだろう）と述べており（戦武一九九五号）、水の手は複数あったようだ。

二俣城復元井戸櫓（清瀧寺境内。静岡県浜松市天竜区）

武田軍は、この井戸櫓《やぐら》を破壊する作戦を決行した。『三河物語』では、武田方は、天竜川の上流から筏《いかだ》を組んで下ろし、水を汲むために、城から天竜川に構築された井楼に衝突させ、これを破壊したといい、山県の書状には船を何艘も動員したとある。

これらは、武田軍が急いで準備したものではないと考えられる。実は、戦国期の天竜川は、榑木《くれき》（丸太を四つ割にして心材を取り去った扇形の材）などの材木を上流から筏に組んで流すことが行われていた。天文十年（一五四一）十月、今川義元は、高松《たかまつ》神社（御前崎市）の社殿造営にあたり、天竜川上流から懸塚湊《かけづかみなと》まで流下させる材木について、相違なく通すように指示している（戦今六六六号）。これらが、筏によって流されていたとすれば、その担い手が存在しているはずである。このことについて、文明十六年（一四八四）四月六日の『血《けち》脈集《みゃくしゅう》』（愛知県知多郡東浦町乾坤院《けんこんいん》所蔵）記録に、次のような記述がある（広瀬良弘『禅宗地方展開史の研究』付録史料）。

道性十郎左衛門　満嶋筏師　道慶左衛門三郎　与ノ木同　道隆藤内三郎　ヲグソ同
道観衛門尉　ヲクソ同　道才藤内四郎　同

彼らは、いずれも曹洞宗《そうとうしゅう》の受戒を受けた人々であり、受戒前の名前と職業が記載されている。このうち、冒頭の道性《どうしょう》は、満嶋《みつしま》（満島）の筏師であった人物である。満島は、天竜川の上流、信濃国伊那郡満島（長野県天龍村）であり、近世には天竜川下りの榑木、材木、人改めを行う番所《ばんしょ》が設置されていたところである。残念ながら「与ノ木」「ヲグソ」がどこを指すのかは定かでないが、いずれも道性と同じく筏師をしていたことが知られる。恐らく、天竜川沿いのどこかに居住していたのであろう。

武田氏は、すでに北遠江国衆奥山氏、天野氏を帰属させていたこともあり、木の伐採や天竜川への管流《くだなが》し（木材を一本ずつ流す運搬法）などを利用することは容易だったと推察される。もともと、信濃伊那郡や北遠江の山間部のうち、天竜川沿いの地域は、木材の川下りを日常的に行っていたことから、武田軍はこれを利用し、筏師を動員して、二俣城攻めを行ったと考えられるだろう。

また、天竜川の川船を武田方が集めていたことも、山県昌景書状から判明するので、武田軍は筏と川船を多用して、水の手を断つ作戦を実行したと考えられる。この結果、武田軍は、城の水の手を断つことに成功した、城方は渇水《かっすい》に苦しみ、家康の後詰めも得られぬまま、十一月晦日《みそか》、遂に開城した（千葉④一七〇頁）。中根正照らは、浜松城に退いた。信玄は二俣城の修築を行い、ここに信濃衆依田《よだ》信守《のぶもり》・信蕃《のぶしげ》父子を配備した（『依田記』『松平記』）。

二俣落城により、家康は本拠地浜松を包囲される形勢となり、本国三河や同盟国織田氏と繋がるために開いているのは、わずかに西側の今切《いまぎれ》だけという状況に追い込まれたのである。

第五章 浜松城と徳川家康

家康の見付築城

ここで筆を転じて、徳川家康が本拠地とし、元亀三年（一五七二）に武田信玄が攻撃目標に据えた浜松城の成立の経緯と、それを支える物流の問題を紹介しておきたい。

元亀元年、遠江平定をほぼ達成した徳川家康は、東に広がった領国の統治と軍事行動を円滑化すべく、西に偏差する結果となった三河岡崎城にかわる本拠地の選定と建設に着手した。新たな本拠としたのが、遠江国見付である。家康は、見付の城之崎を新たな本城の地と定め、築城を開始した。見付は、古代以来遠江の中心であり、国府や国分寺、国分尼寺が、中世には守護所が置かれていた。また見付は、東海道が通過する。遠州灘より今之《いまの》浦川《うらかわ》を遡上すると、国府の南側に今之浦と呼ばれる潟湖《せきこ》に至った。この水運は、十三世紀半ばを初見に（『東関《とうかん》紀行』）、その後頻出する。そのため今之浦には、「国府津《こうづ》」（国府に隣接する湊）があったとする説もあり、今之浦、国府間には、宿場が展開していたと推定されている。このように、見付は陸路だけでなく、水上交通の盛んな場所でもあった。

家康が古代以来の遠江の中心である見付に着目したのは、こうした背景があったからであろう。その築城経緯を示す一次史料は乏しく、次に掲げる史料によって、これまで見付築城は語られてきた。それを掲示してみよう。

（1）『**当代記**』

家康公、此秋より翌春中迄、遠州見付城普請《ふしん》在之（永禄十二年条）

此六月、従見付《みつけより》浜松江家康公移給《うつりたまう》、先古飯尾豊前か古城に在城、本城有普請、惣廻石垣、其上何も長屋被立、見付普請被相止也、是信長依異見給如此、遠三之輩、何も在浜松す、九月十二日本城江家康公令移給（元亀元年条）

（2）『**三河物語**』

然間《しかるあいだ》、見付之国府ヲ御住所に被成、城ヲ取、原に各々屋敷取ヲシテ住マせ給ひケルガ、爰《ここ》ハ不被可然トテ、浜松え引カせラレ給ひて、御城ヲコシラエ給ひ、御住所ヲ定サせ給ふ

（3）『**武徳編年集成**』（元亀元年六月条）

初旬、浜松ノ新城経営未決ト雖《いえども》見附ノ新塁地利悪キユエ早ク毀《こぼ》タルベク為ニ、神君浜松ニ移リ玉フ

（4）**『浜松御在城記』**（永禄十二年条）

一、此春《（永禄十二年）》見付ノ古城ヲ毀、山本帯刀《たてわき》ニ被仰付《おおつけられ》、新ニ御縄張、溝・塁等ノ御営作始ル、御家中モ小屋掛ヲ取原《ミカノタイナリ》ニ仕候而、移被申候

（5）**「石川正四聞見集」**（『磐田市史』史料編Ⅰ五一七号）

一、何と思食《おぼしめし》たる御事候哉、浜松御在城之比、天龍川のむかひ見付のかうのたい《（国府の台）》に新城御取立御在城に被成へき御用意にて、大名衆も屋敷かまひ被成候、そのかたしろ海道のはたにいまたに残て相見え候、右のやうす甲州へ聞え家康様を信玄こと〳〵しく御ほめの由、上方へもれ聞へて信長公より御異見有て、見付の新城やめさせられ候、古城浜松に御座候てさへ一度御合戦に御まけ御籠城被成候、信長公御異見甲州へ聞え上下かんし申候よし

これまでの研究で利用されてきた、見付城（城之崎城）築城に関する史料のすべてである。

これらを総合すると、①家康が見付築城を開始したのは、永禄十二年（一五六九）秋から翌

元亀元年春までであること、②見付城の周囲には、家臣の屋敷割も行われ、住居の建設も進み、移転も始まっていたこと、などが窺われる。なお、『牛窪記《うしくぼき》』には、城の建造物は、牛窪の棟梁たちが参加、担当したといい、それを大いなる名誉と誇ったと伝えている。

見付城（城之崎城）の実像

見付城（城之崎城）跡は、現在、城山球場や磐田市立城山中学校などが建ち並び、旧観はほぼ失われてしまっている。ただ、一部、土塁、堀跡、曲輪《くるわ》の痕跡が認められる。そのため、見付城の様子を知る史料として、「遠州《えんしゅう》見付《みつけ》古城図《こじょうず》」（蓬左《ほうさ》文庫所蔵）は極めて貴重である。これを見ると、大きく四つの曲輪で構成されており、東海道周辺に「侍屋敷」が林立していたと推定される。ただ、外曲輪の注記をみると「此曲輪見切カタシ」とあるので、曲輪の削平《さくへい》や土塁の構築などは未完成であった可能性があるようだ。

　また城内には、井戸が五〇間×六〇間の本曲輪と思しき場所の隅に一ヶ所あるのみだが、特段、水の確保に不安を覚えるというほどではない。規模としては、あまり大規模なものとはいえず、ようやく二ヶ国を支配するに至った、当時の戦国大名徳川氏の実態を反映するものということができるだろう。ただ、城之崎という地形を利用しているため、こ

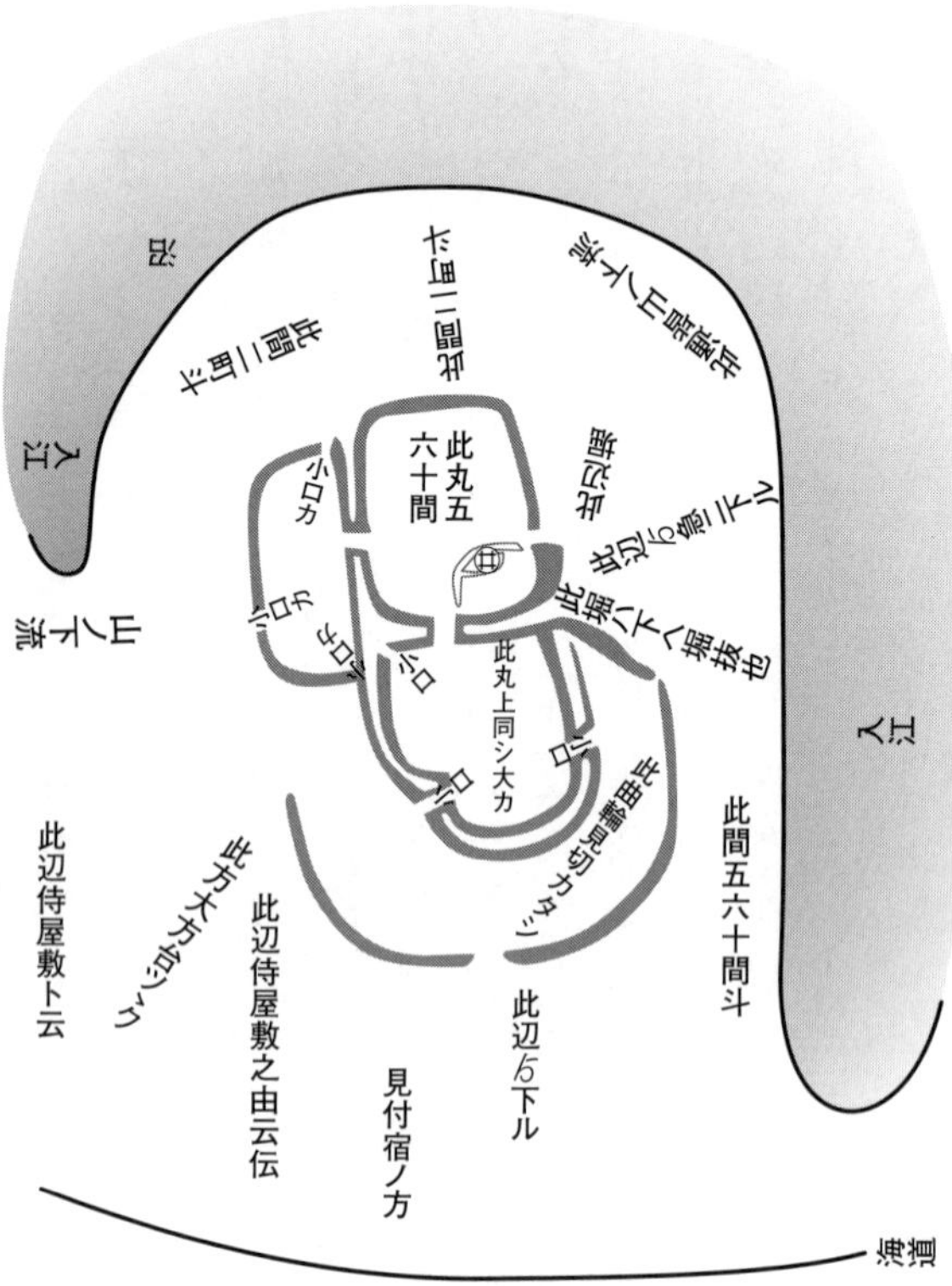

「遠州見付古城図」(蓬左文庫蔵をトレース)

の後に、規模を拡張しようにも限界があるように思われる。家康の本拠地であった、戦国期当時の岡崎城がどれほどの規模であったかは謎に包まれているが、それよりも見付城の方が大きかったかも知れないものの、地形に制約され、増築が厳しかった可能性があるだろう。

ただ、注意が必要なのは、「遠州見付古城図」にみえる縄《なわ》張《ば》りは、放棄された後の、つまり最終形態の様子を記したものであり、徳川氏のオリジナルそのままの状態ではない可能性があることだ。既述のように、『当代記』によると、一言坂合戦後、見付を制圧した武田軍は、見付古城こと城之崎城跡に、大改修工事を実施している。ここは、浜松・久野・懸川間の連絡と補給を封じる格好の場所にあたるため、家康攻略を狙う武田氏にとって、押さえておかねばならぬ要所であった。信玄が城之崎城の大改修を武田軍に命じたのは、ここに軍勢を駐留させ、永続的に封鎖しようとの意図があったからであろう。そのため、「遠州見付古城図」の縄張りは、徳川氏の普請をベースにしつつも、武田氏による改変が施された様子を記録している可能性が高く、徳川オリジナルの縄張りと想定するには注意が必要だと考えられる。

家康、見付城を放棄す

これまで、『三河物語』『当代記』などの記録をもとに、見付築城の経緯が語られてきたわけであるが、近年、身延山《みのぶさん》久遠寺《くおんじ》の身延文庫から『科註拾塵抄』が発見され、見付城の築城時期がようやく明らかとなった（海老沼真治・二〇一四年）。この『科註拾塵抄』とは、遠江国端和《はしわ》（橋羽、浜松市東区天竜寺町）の妙恩寺《みょうおんじ》（日蓮宗）の僧が、永禄十三年（元亀元年）二月七日に記録したもので、徳川・武田の遠江侵攻などの経緯を記した貴重なものである。その中に、見付築城についても以下のように記録されている。

> 慥《にわか》に国中六月より一統に被成候歟、依之当府に新城を七月一日より初而、九月初にいてき候也

これによると、今川氏真の懸川開城（永禄十二年五月十五日）により、遠江が六月、家康によって統一されたことを受け、徳川氏は「当府」（遠江国府、見付）に七月一日から新城の築城を始めたと明記されている。そして、それは九月初めにほぼでき上がったという。このことから、永禄十二年秋から築城を開始したという『当代記』の記述がほぼ正確である

ことがわかるだろう。なお普請奉行について、『浜松御在城記』は山本帯刀《やまもとたてわき》と記しているが、確実な史料では確認できない。

ところが家康は、完成間近であった見付城を放棄し、引間城を新たな本拠と定める決断を下した。その理由について、『編年』は地利悪しきゆえとし、『三河物語』『当代記』などは、織田信長が反対したことを受け、見付を諦めたとしている。興味深いのは、「石川正四聞見集《ぶんけんしゅう》」の記述で、見付築城を知った信玄は、家康の見識の高さを褒めちぎったといい、信長はこれを知って家康に異見したという。つまり、信玄は家康が見付に本拠を置くことを有利とみてほくそ笑み、信長は危うさを悟って家康を説得したというわけだ。

その理由については、よく指摘されるように、背後に天竜川（大天竜、小天竜）を控えた地形が問題となったと考えられる。もし、天竜川の増水時に、武田氏に攻められたら、織田氏の救援もままならず、徳川は攻め滅ぼされる可能性が高かったからであろう。

家康も、信長からの指摘を受け、見付を放棄する決断を下した。かくて、引間城が新たな本拠となったわけである。

家康、本拠を浜松城に移す

家康は、元亀元年（一五七〇）六月から、飯尾連龍の居城だった引間古城に移り、本城としての普請を開始したという（『当代記』）。ただし、引間城を惣石垣《そういしがき》にしたと『当代記』は記すが、これは信頼できない。浜松城が、石垣の城郭としての変貌を遂げるのは、天正《てんしょう》十八年（一五九〇）、豊臣大名堀尾《ほりお》氏が入城して以後のことと推察される。

家康は、まず飯尾時代から存在した引間城を基礎にして、これを取り込む形で西の三方原台地に向けて拡張工事をしたらしい。そして、家康は新たな本拠を引馬から浜松に改めた。当時の浜松城の規模については、史料がなく判然としない。ただ、三方原合戦に関する史料（ただし近世の軍記物）などには、西の明光寺口《みょうこうじぐち》、南東の下垂口《しもたれぐち》（霜垂口）、北の玄黙口《げんもくぐち》（元目口）、西南の名残《なごり》口（名栗口）などが登場するので、その規模は西に向けて拡張されていたと推察される。

また、城絵図などの検討から、天正期には三河・遠江の譜代や国衆の屋敷が城下に設定され、東海道が城近くに引き込まれるなど、都市整備が実施された様子が窺える（浜松市博物館・二〇二〇年）。このように、浜松城は引間城を取り込み、東海道の付け替えを伴い、城下には家臣屋敷を構えるなど、戦国大名徳川氏の本拠に相応しい偉容を誇るに至ったのだろう。

家康は、岡崎城を嫡男信康《のぶやす》に委ね、重臣石川数正を配置し、九月十二日、浜松城に入城した（『当代記』）。その後、天正十四年、駿府に移転するまでの十七年間、家康は浜松を本拠地と定めたのであった。

浜松城と浜名湖水運

家康が本拠地と定めた浜松城は、東海道、本坂道（姫街道）、鳳来寺道（金指街道）と、複数の秋葉街道（二俣街道、笠井街道）という陸上交通路の結節点であり、商品流通や人馬の往来が盛んなところであった。これが、浜松城の強みであったことはいうまでもない。その他に見落とせないことがある。それは、浜松城の西側に広がる浜名湖、佐鳴湖《さなるこ》の水上交通である（浜名湖水運については、阿部浩一・一九九九年、二〇〇三年、平山・二〇二二年②参照）。

浜名湖水運が隆盛を迎えたのは、室町期の明応《めいおう》年間（一四九二～一五〇一）以後のこととされる。それ以前の引間と三河を結ぶ交通路は、東海道が軸となっていたが、明応以後と大きく違うところは、浜名湖が遠州灘と切り離されており、湖と遠州灘とは浜名川で結ばれているところであった。この浜名川を渡るのが当時の難所であり、河畔の橋本宿は大い

今切渡跡（静岡県湖西市）

に賑《にぎ》わっていた。

ところが、明応七年（一四九八）八月二十五日に発生した明応地震と、それに伴い発生した大津波、そして地盤沈下により、浜名湖と遠州灘は砂州の一部が崩落したことで繋がることとなった。また津波により、橋本宿は壊滅し、その復興は戦国期を待たねばならなかったという。その後、永正《えいしょう》七年（一五一〇）八月二十七日の高波（津波）により、今切《いまぎれ》の崩落がさらに進行し、浜名湖は遠州灘の干満の影響を強く受けるようになり、汽水湖《きすいこ》（海水が侵入する塩水湖）になったとされる。

明応地震による砂州の崩落地は、今切と呼ばれるようになったが、この結果、東海道は寸断されることとなった。この今切は、渡し場として引き続き東海道の交通路の一部となったが、往来が面倒になったのは否めなかった。とりわけ、浜名湖東西の人々は、北側の本坂道（姫街道）もしくは鳳来寺道（金指街道）を通過するか、湖上を船で移動する必要に迫られた。こうして、戦国期浜名湖水運の前提が形作られたわけである。

浜名湖水運は、早くも明応地震の直後から史料に登場し、その大動脈は、吉美《きび》、鷲津《わしづ》（ともに静岡県湖西市）——宇布見《うぶみ》間（静岡県浜松市西区）であり、それは「うぶみのわたり」（宇布見の渡）と呼ばれた。戦国期になると、吉美は三河方面からの物資の集散地と位置づけられ、戦国大名今川氏、徳川氏はともにここに御蔵《おくら》を設置していた。とりわけ吉美は、東三河の米相場に影響を与えるほど殷賑《いんしん》を極めていたといわれる。また、宇布見は、有徳人《うとくにん》（富裕層）中村氏が居住しており、彼は浜名湖舟運を牛耳る有力者であった。今川氏は、その地位を認め、代官に任じるとともに、彼の持ち船には諸役免除の特権を与えていた。徳川氏のもとでも、中村氏は代官として、浜松御蔵の管理を担っていたのである。なお余談であるが、中村源右衛門は、家康の側室長松院殿（お万、小督の局）を預かり、男子出生（家康二男秀康）に尽力したことで知られる。

そして宇布見の中村源右衛門こそ、浜松城の兵粮確保を担う人物に他ならなかった。中村家の記録に、次のような記述がみられる（「中村家資料」『雄踏町誌』資料編一）。

一、信長公より三年の内、兵粮壱万石被遣候、尾州より船にて三州迄被遣、高師より陸地を遠州吉美・宇津山まで附、夫より小藪迄船にて取、浜松の御城へ入申候、源左衛門壱人にて御奉公仕候

これによれば、中村源右衛門は、尾張から受け取った米を三河湾水運で三河国高師《たかし》（高足、豊橋市高師町）まで運ぶと、高師から陸路で湖西に送り、ここで米穀の一部を宇津山城に、さらに一部を吉美に運んだという。そして、吉美からは、浜名湖水運で小藪（浜松市中区）に送り、ここで陸揚げして浜松城に納入していた。この吉美―宇布見・小藪間は、浜名湖水運の大動脈「宇布見の渡」と呼ばれた航路そのものであった。

なお、余談ながら、浜松城の石垣の石材は大草山、宇津山周辺などで切り出されたものであるといい、それらは浜名湖水運を利用して運搬され、佐鳴湖東岸で陸揚げされて、浜松城に搬入されたと指摘されている。佐鳴湖東岸の「三ツ山」には、かつて浜松城に運ばれる予定だったとの伝承を持つ石が残されていたという（浜松市教育委員会・一九九六年）。浜松城と浜名湖水運は、切っても切れぬ関係にあったことがわかるだろう。

浜名湖水運と湖畔の諸城

　戦国期浜名湖水運が、物資や人員輸送の動脈であったとすれば、湖畔に展開する城砦もまた、それとの結びつきを考慮に入れる必要があるだろう。直接、浜名湖に面していない浜松城ですら、浜名湖水運がなければ、維持が困難だったといえるならばなおさらだ。

　浜名湖に面した地域には、佐久城（国衆浜名氏）、吉美城（今川直轄）、宇津山城（今川直轄、城代が在城）、堀江城・新津城（国衆大澤氏）、堀川城、刑部城（いずれも今川直轄か）などが存在していた。これらの関係を端的に示す史料として、『宗長手記』大永《たいえい》七年（一五二七）四月条がある。

> 風雨に又一日ありて、国のさかひの城、鵜津山《うつやま》にいたりぬ、此鵜津山の館といふは、尾張・三河・信濃のさかい、やゝもすれは競望する族ありて、番衆日夜無油断城也、東・南・北、浜名の海めくりて、山のあひくせき入、堀入たる水のことく、城の岸をめくる、大小舟岸につなかせ、東むかひは堀江の城、北は浜名城、刑部の城、いなさ山、細江、舟の往来自由也、西一方山つゝきにて、敵の思かゝるへき所もなし

これによれば、宇津山城は、今川氏にとって西への拠点として重視され、日夜城普請が行われていたといい、対岸の堀江城を始め、浜名城、刑部城、引佐山《いなさやま》、細江とは舟運によって緊密に連携しあっていたという。当時は、浜名湖の湖岸の地域は、舟運で縦横無尽に繋がっていたといえるだろう。

　このことで注目されるのが、永禄十一年（一五六八）末から同十二年にかけて、徳川家康が遠江に侵攻した時の、浜名湖周辺の諸城の動向である。既述のように、家康は当初、本坂道（姫街道）を日比沢後藤氏、佐久浜名氏、堀江城の堀川・気賀一揆によって封じられ、辛うじて確保した井伊谷経由のルートで、鳳来寺道を利用して引間に進軍している。

　だが、その補給路は脆弱《ぜいじゃく》であり、とりわけ宇津山城代大原資良、堀江城・新津城大澤基胤の連携により、浜名湖水運を抑えられてしまっていた。大澤氏は、本領が浜名湖に大きく張り出す庄内半島であり、彼は今川氏から浜名湖水運の監督を委ねられ、彼の所領の新津（新津城がある）と新居には、船関が設けられ、浜名湖を往来する船舶は、必ずここに接岸することが義務づけられており、違反すれば大澤氏や宇津山城の今川方により拿捕《だほ》されることになっていた。

　大澤氏と宇津山城は、その力量を存分に発揮し、浜名湖水運の主導権を最後まで徳川氏に明け渡すことがなかった。しかし、宇津山城が陥落し、大原資良が駿河に脱出すると、孤立した堀江城は遂に徳川氏に降伏している。

だが、降伏する直前に、堀江城の大澤基胤は、懸川城に籠城する今川氏真に最後の献策をしている（戦今二三三一号）。それによると、大澤は、今川氏真に知行宛行《ちぎょうあてがい》の証文を出して欲しいと要求していた。その内容は、堀江近辺の百姓五、六〇〇人を召し抱えられるだけの知行を与えるというものだ。大澤は、その氏真証文を示して、百姓を召集し堀江城に集め、「味方原」（三方原）の「通用」（本坂道や鳳来寺道などの交通路）を封鎖しようと考えていたのだ。そうすれば、三河から懸川に送られる兵粮や武具などの物資輸送を遮断することができ、徳川軍は補給が厳しくなり、懸川在陣が困難になると予想していた。つまり、堀江城とは単に浜名湖水運掌握の要衝というだけでなく、三方原を通過する陸路を抑える拠点として、当事者たちにも認識されていたわけである。

このように、浜松城は、西からの陸上交通路として、大動脈である東海道、そして浜名湖北側を抜ける本坂道（姫街道）、鳳来寺道（金指街道）を頼みとしていた。一方で、浜松城は、史料を見る限り、浜名湖水運による物資輸送に大きく依存していたようである。米穀や塩を保管する御蔵が、吉美や宇布見に設置されていたのは、それをよく示しているといえるだろう。これらのルートは、浜名湖畔に展開する諸城によって管理、監視され、それによって安定的な運用が保障されていたとみられる。

しかしながら、浜松城の補給を支える陸上、水上の交通路は、同時に弱点にもなった。かつて家康は、本拠としようとした見付が、天竜川を西に控えているがゆえに、戦略上の不利を指摘され、本拠とすることを断念した経緯があったが、実は浜松もまた、脆弱な陸路（東海道は今切で寸断されているし、本坂道や鳳来寺道は山道なのでどこかを封じられれば使用不能となりやすい）と、不安定な浜名湖水運（天候に左右されやすく、どこかを封鎖されれば使用不能となりやすい）に命運を預ける格好となっていたのである。この二つを念頭に置きながら、武田信玄の侵略を読み解くことで、三方原合戦の実態がみえてくると思われる。

第六章　武田軍の動向と徳川家康の決断

武田軍の動き

筆を元亀《げんき》三年（一五七二）に戻そう。十一月晦日、二俣《ふたまた》城を降伏、開城させた武田軍は、城の修築などを実施していたらしい。信玄は、恐らく合代島《ごうだいじま》から本陣を二俣城に移したとみられる。二俣城は、浜松城に匕首《あいくち》を突きつける武田方の拠点となった。信玄は、徳川の反撃を見越して、城の補強と信濃方面からの補給などの手当てを入念に行っていた。

それが終了し、武田軍が再び動き出したのは、十二月二十二日のことである。そして、その日の夕方、三方原合戦が始まることとなる。ここで気づくのは、武田軍の進軍速度が極めて速いことである。当時の武田軍は、二俣城に信玄主力が在城し、その他の軍勢は二俣城周辺や、合代島、亀井戸《かめいど》城、社山《やしろやま》城、匂坂《さぎさか》城などの磐田原台地に展開していた。これらのうち、諸城に残留する在番衆を除く、二万とも三万ともいわれる軍勢が、浜松方面に進出するためには、まず天竜川を渡河せねばならなかった。

天竜川の渡河地点といえば、東海道の池田から対岸の船越一色《ふなこしいっしき》との間を、渡船《とせん》で往来する池田の渡が著名である。この渡し場は、伝承によると、元亀三年の武田軍侵攻の際に、船守らが家康に味方し、船を隠して武田に利用させなかったといわれ、戦後、それを賞して徳川氏が特権を与えたとされる。

実際に、池田船守らは、天正《てんしょう》元年（一五七三）十一月十一日、徳川家康より判物《はんもつ》（大名らが発給する、差出人の花押《かおう》が付された文書）を与えられ、「遠州天龍渡船《えんしゅうてんりゅうとせん》」は、昼夜を分かたず、河原に待機し、誰の知行地《ちぎょうち》であろうと、またどの場所であろうと、必要があれば渡船を実施するように命じられた。その見返りとして、諸役免除の特権を与えられている。同様の内容の文書は、「遠州馬籠《まごめ》渡船」を司る船守たちにも与えられていた（大日⑱三三一・三三二）。このことから、池田や馬籠の船守らは武田軍に協力せず、川船は隠匿されていたのだろう。

だが、武田軍は準備を怠らなかったようだ。先に記述した、二俣城攻防戦を思い起こして欲しい。『三河物語』によると、武田軍は筏《いかだ》を組み、それを太綱で固定して、二俣城の水の手を攻めたとあり、また山県昌景は船を多数用意し、水の手を断つ作戦を決行したと伝えている。

武田軍が天竜川を迅速に渡ることができたのは、筏と川船をあらかじめ用意していたことが理由であろう。次項で述べるが、武田軍は、二俣城から鹿島《かしま》の渡で天竜川を渡河していることは確実である。この鹿島は、川幅も広く、水深も深いばかりか、流れが速くて徒歩での渡河は不可能である。近世でも、渡船による利用が一般的であった。渡船による渡河では、時間がかかりすぎてしまい、夕方の合戦には間に合わないのだ。

そこで利用されたのが、筏と川船であろう。恐らく武田軍は、筏や川船を並べ、船橋を作ったと考えられる。天竜川に船橋が仮設された事例としては、嘉禎《かてい》四年（一二三八）、鎌倉幕府将軍藤原頼経《ふじわらのよりつね》が上洛した際に、川船を並べて浮橋を架け、行列が川を渡ったことが知られる（『吾妻鏡《あづまかがみ》』嘉禎四年二月六日条）。

この他、武田軍の主力は、神増《かんぞ》から天竜川を渡河したと想定されている。ここは、近世には、天竜川左岸に上神増村が、そして天竜川の中州に、下神増村と呼ばれる輪中《わじゅう》集落が存在していた。このため、神増付近は、天竜川の浅瀬で、人馬が渡ることが可能だったのである。高柳光壽氏が、武田軍本隊が神増で渡河したと想定したのも、こうした事情が背景にあるのだろう。『甲陽軍鑑』に、徳川軍が二俣城の後詰《ごづ》めにやってきたが、天竜川を渡ったものの、武田軍の陣容をみて引き返したとある。この時、武田方は、徳川軍が徒歩で天竜川を渡河したのを観察して、浅瀬を発見したというのも、神増付近だった可能性があるだろう。当時、天竜川を挟んで徳川軍を監視していたのは、神増を眼下に見下ろす、磐田原台地に布陣する武田軍だったからである。

武田軍の進路

武田軍は、二俣攻めの際に使用した、筏や川船で浮橋を作り、鹿島で天竜川を渡ったほか、神増付近を徒歩で渡河し進んだ。この時、武田軍が浜松方面を目指して進んだルートについては、諸説ある。

このうち、現在、通説となっているのが、高柳光壽『三方原之戦』で紹介された進軍路である。それによると、武田軍は、信玄本隊と、支隊に分かれて移動したという。高柳氏によれば、信玄本隊は、神増で天竜川を渡河し、秋葉街道で進路を南に取り、有玉《ありたま》で急に進路を西に変え、三方原台地をあがった。いっぽうの武田軍支隊は、中瀬で本隊と分かれ、笠井に向けて南下し、姫街道を西に向かい、三方原台地に上がったとされる（高柳氏の著書に掲載された地図には、武田軍支隊は二俣方面から南下しているように記しており、本文との齟齬が認められる）。

高柳説は詳細を説明していないので、わかりにくいところがあるが、武田軍本隊が利用した秋葉街道は二俣街道、支隊が利用したのは秋葉街道（笠井街道）のことであるのは間違いない。

ところで、武田軍の進軍路を明記した史料は、極めて少ない。ただ、近世の軍記物では

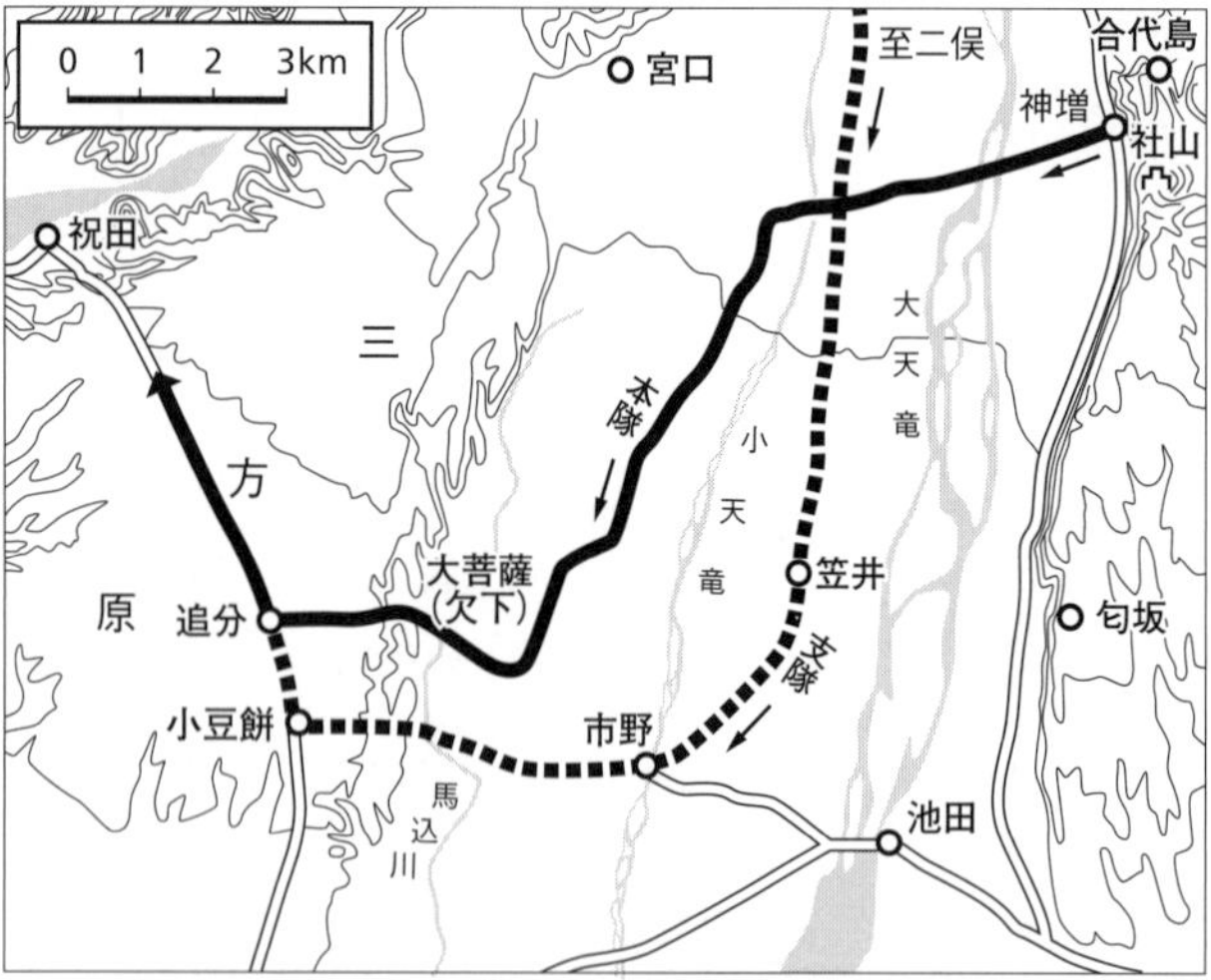

武田軍進路想定図（高柳光壽『三方原之戦』春秋社をもとに作成）

あるが、二俣城を出た後に、武田軍が通過した、または、布陣した場所として登場する地名を列挙してみると、次のようになる。

武田軍は、二俣城を出た後、平口《ひらぐち》村を経て、浜松城には向かわず、刑部に転進した（『武徳編年集成』）、平口村、小松村を通過した（『創業《そうぎょう》記《き》考《こう》異《い》』）、「平口ノ原」に進んだ（『浜松御《お》在城《ざいじょう》記《き》』）などとある。平口、小松はともに浜北市にある地名で、これは秋葉街道（二俣街道、笠井街道）沿いに位置している。こうした記録などを参考にしながら、高柳光壽氏は、武田軍の進路を、二つの秋葉街道（二俣街道、笠井街道）と想定したのだろう。この考

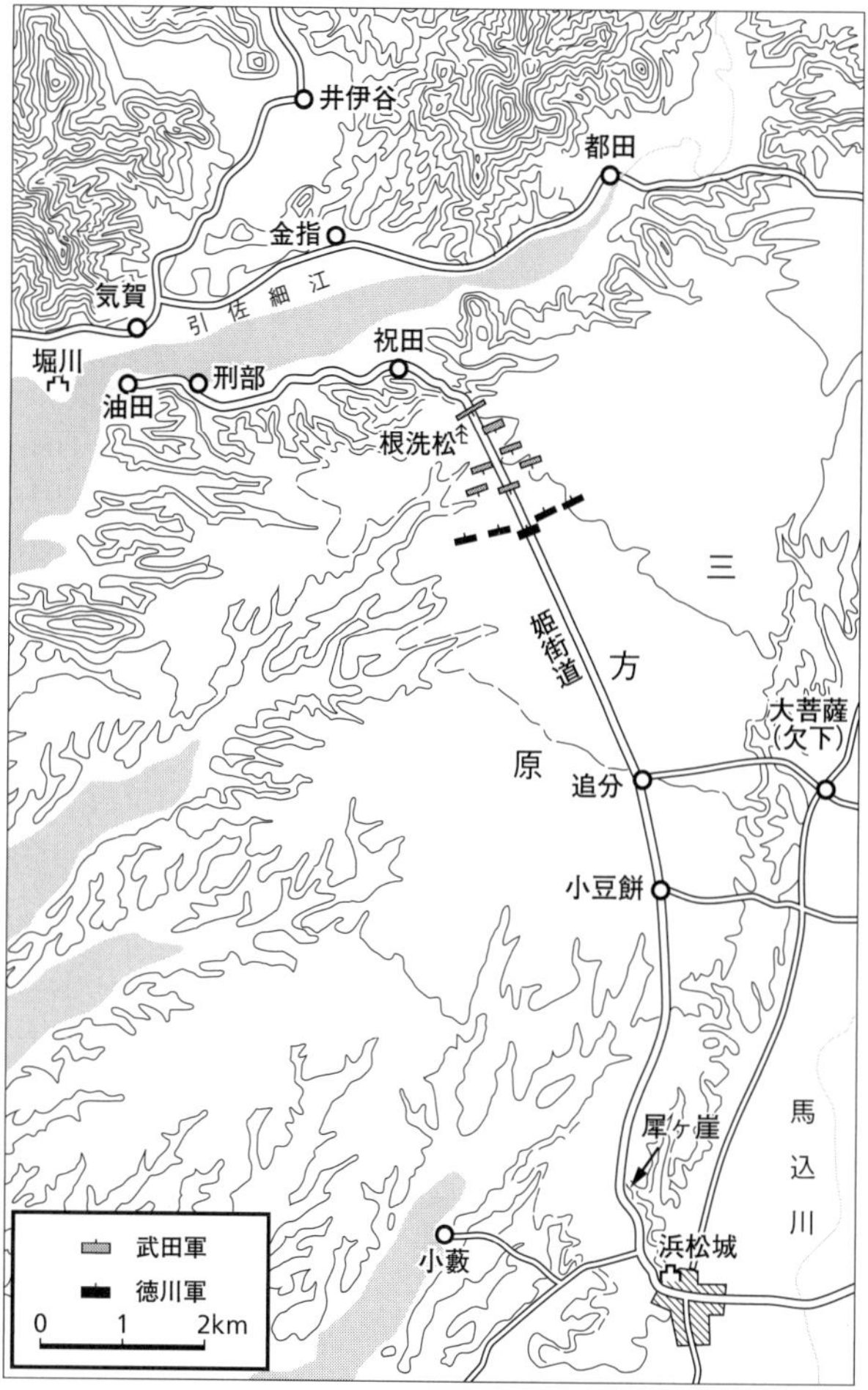

「三方原戦図」(高柳光壽『三方原之戦』春秋社をもとに作成)

欠下城跡（静岡県浜松市東区）

証は、二俣城から最短で浜松に接近できるとともに、西に転進すれば、すぐに三方原台地へと上がることが可能で、三河に進むにも至便といえ、首肯できるだろう。

この他に、信玄は、大菩薩《だいぼさつ》を経由して刑部に向かったという記述もあり（『大三川《だいみかわ》志《し》』『浜松御在城記』）、大菩薩山に一時本陣を置いたともいう（『総見記《そうけんき》』）。高柳氏は、これらの記録を参酌《さんしゃく》し、信玄本隊は欠下《かけした》から大菩薩に向けて三方原台地を上がったと考証している。この大菩薩山とは、かつて欠下城が存在した場所に隣接してある小字で、小高い丘のようになっている。しかも、ここに至る古道として「大菩薩坂」が存在し、武田軍が上がったとの伝承が残

大菩薩坂（静岡県浜松市東区）

されている。この坂は、太平洋戦争後に開かれたものだとする説もあるが、明治二十五年（一八九二）の二万分の一地図に明記されているので、誤伝と考えられる。これも、有力な進軍路候補といえるだろう。高柳氏は、武田軍は大菩薩（欠下）から三方原台地に上がったと説明しているが、具体的な場所を記述していない。

　ところで、ここまでは軍記物などに記された武田軍の行軍路に関する地名を紹介し、高柳説の妥当性を検討してきたわけであるが、管見の限り、比較的良質な史料において、武田軍の行軍路を記録したものは、『当代記』しかない。そこには、次のように記されている。

同廿二日、信玄、都田打越味方か原江打上

この記述については、『静岡県史』通史編中世が肯定的に取り上げ、武田軍は都田《みやこだ》から三方原に進んだと記述しているものの、ほぼすべての論者が否定的である。高柳光壽氏は「『当代記』には、信玄は都田を打越《うちこ》して三方原へ打ち上げた、と書いている。この書は比較的良質ではあるが、京都で風説を書いたものであり、遠方のことはかなり誤りがある。そしてこの記事は風説というよりも、地理的知識から、かくあるべきだ、というので書いたものではないか、と思う。これが誤っていることはいうまでもない」と一蹴している。また、三方原合戦の詳細な検証を行った小楠和正氏も「『當代記』の記述と『静岡県史』の地図での問題点は二俣から都田へ出て三方原台地に上がったとしたことである。現地の地形を実際には見ていない証拠である。二俣と都田の間は平地が続いているのではなく、途中の宮口《みやぐち》の西には北方の山地から続く三方原台地のやや狭くなった部分がある。そのため、二俣から都田へ出るにはどうしても一度は三方原台地に上がらなければならない。そして、都田の本村に相当する中心部へ出るには、西へ進みさらに台地の北側の傾斜地を下って行かなければならないのである。それ故、二俣から都田へ出て三方原台地に上がるのでなく、三方原台地に上がってから都田へ下るのである。二俣より来た武田軍が都田から台地へ上がったとするならば、一度台地に上がりそして台地を下りまた台地へ上がったことになる。もし、宮口の西から台地に上がった地点が都田の一部であったとすれば、そこからさらに台地へ上がるということはありえない。結論として東より来て都田から三方原台地へ上がったとする説は地形からみて成立することはない」と批判し、『当代記』の記述を否定している。

まず、『当代記』の記述については、織田・徳川・武田関係の内容が、史実と合致する部分が多く、近年再評価されていることはよく知られている。とくに本書の関わりでいえば、元亀三年十月より始まった武田信玄の遠江・三河・東美濃侵攻については、その進軍路を始めとして、多くの論者がその信頼性を確認しているところである。高柳氏が、『当代記』の記述を採用できないと考えたのは、その内容が京都の風聞に過ぎないからだという一点に過ぎない。そもそも同書の記述が、京都の風聞であることや、筆者が上方の人物であることなどについて、高柳氏は一切論証していないのだ。

次に小楠和正氏の批判は、『当代記』の記述の誤解によるものだろう。小楠氏は、同書が現地の地形を知らぬ故の記述だと指摘しているが、果たしてそうであろうか。小楠氏は、『当代記』の記述を「信玄が都田に(行くために三方原台地を)上がった」と解読しているのだが、問題なのは、「打越」を単に「上がること」と解読したことにある。「打越」とは、「目的との間にあるものを越える」ことを意味する動詞である(「うち」は接頭語ですばやくという意味を含む。これは後に続く「打上」の「打ち」も同様で、迅速にという意味がある〈『日本国語大辞典』〉)。つまり、『当代記』の記述は、「信玄は、都田(に向けてその間にあるところに迅速に移動すべく)三方原へすばやく上がった」と解読できるだろう。

そもそも、都田は三方原台地の一部を村の領域としており、必ずしも本村に向かったと想定する必要はない。三方原台地上の都田の村域に向けて、武田軍が迅速に三方原台地を上がったと解読するならば、地形上の齟齬はなくなり、むしろ正確な記述だと評価できるだろう。『浜松御在城記』などには、武田軍は「都田ノ丸山《まるやま》」に布陣したとあり、地元でもそう伝承されている。

武田軍の三方原移動経路を読み解く

近世の軍記物などには、武田軍が通過したという地名が複数登場していることを紹介してきた。このことは、武田軍がいくつかの軍勢に分かれて、三方原台地に上がったことを示すものと考えられる。高柳氏も、そのように想定したのであろう。しかしながら、私は高柳氏が想定した以上に、武田軍は複数の軍勢に分かれ、それぞれの進路を選択して移動していたと考えている。

まず、二俣から宮口を経て、都田の丸山に進む軍勢の存在を想定できる。では、なぜこのような軍勢が必要であったか。『軍鑑』などによると、信玄が最も懸念していたのは、織田援軍の動向であったという。当時、武田方は、織田援軍が、本坂《ほんざか》（本坂峠）、白須賀《しろすか》（湖西市）に到着したとの情報を摑み、警戒している。信玄は、本坂の織田援軍が、本坂道（姫街道）を進み、三方原台地にやってくることに神経を尖らせていたのだろう。もし、織田援軍が祝田を経て三方原に進んでくれば、武田軍は織田援軍と徳川軍に挟撃される形勢となる。そこでまず、信玄は軍勢を割き、都田の丸山に真っ先に進ませて、三方原を押さえ、本坂方面の織田援軍に備えたのではなかろうか。

次に、二俣から秋葉街道（二俣街道）を浜松に向けて進むと、新原《しんばら》付近に至る。新原の地内に、「休兵坂《きゅうへいざか》」と呼ばれる坂道がある。三方原台地に上がる古道で、武田軍が上がったとの伝承がある。この古道は、辺田原《へたばら》、姥ケ谷《うばがや》から都田方面へと向かうか、大原から姫街

二俣城
鹿島
秋葉街道（二俣街道）
都田の丸山
宮口
都田
鳳来寺道（金指街道）
辺田原
新原
休兵坂
神増
平口
姥ヶ谷
小松
祝田
根洗
大谷
秋葉街道（笠井街道）
信玄街道
欠下
追分
大菩薩
有玉
大菩薩坂
宇藤坂
小豆餅
笠井
銭取
本坂道（姫街道）
権現谷
住吉
池田
船越一色
富塚
犀ヶ崖
浜松城
馬込
東海道
天竜川
西島

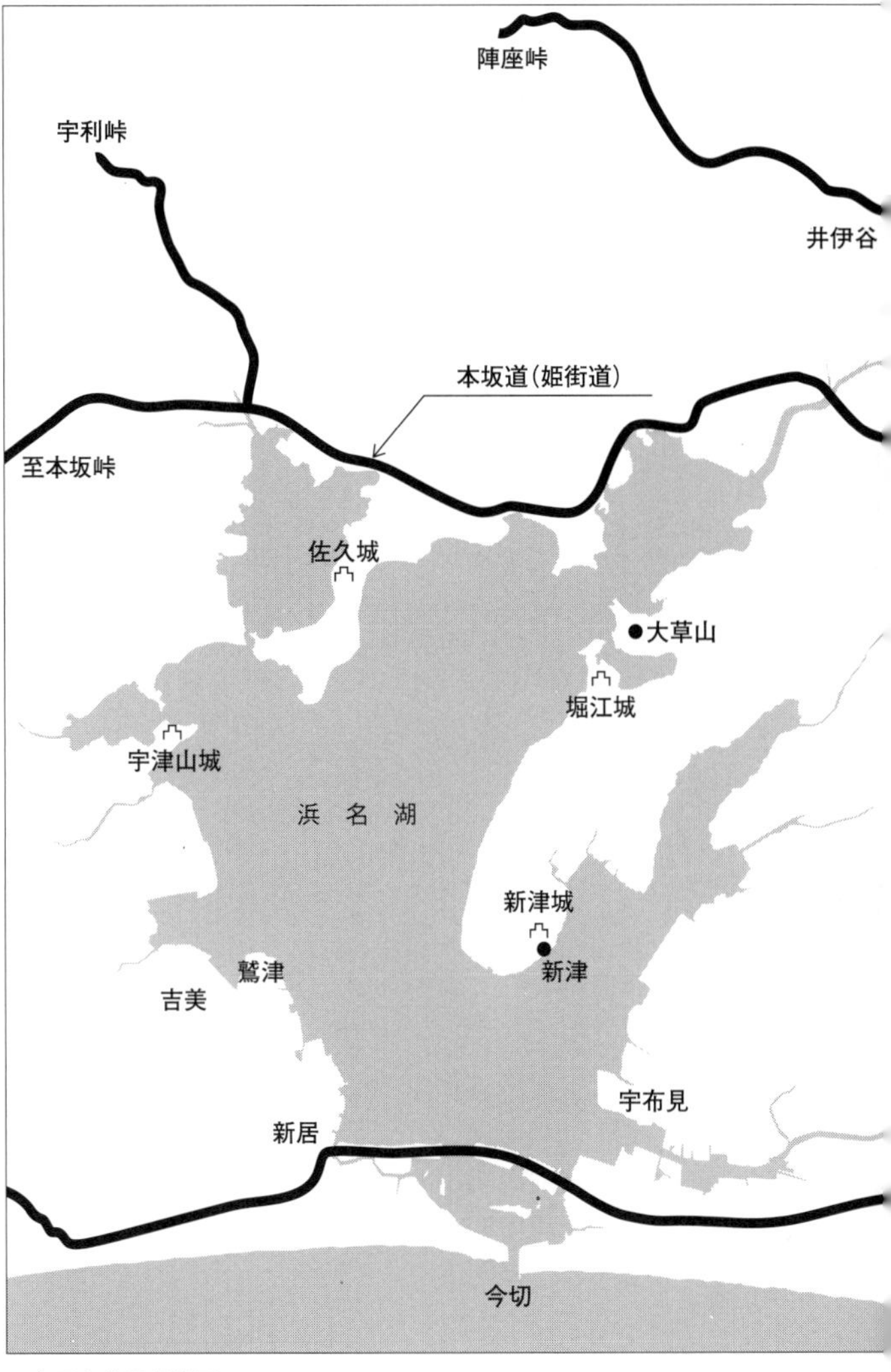
陣座峠
宇利峠
井伊谷
本坂道（姫街道）
至本坂峠
佐久城
大草山
堀江城
宇津山城
浜　名　湖
新津城
新津
鷲津
吉美
宇布見
新居
今切

三方原合戦関係地図

休兵坂（静岡県浜松市北区）

道方面に向かうことができる。史料で裏づけることはできないが、私は武田軍の支隊が、このどちらかを利用した可能性を想定している。これは、宮口から都田に向かった支隊と協調しつつ、三方原台地上に徳川方の伏兵がいないかどうかを確認し、信玄本隊の台地への移動を支援するのが任務であったと考える。

三つ目は、信玄本隊の移動経路である。高柳氏は、信玄本隊の進路について、二俣から磐田原台地沿いに神増に進み、ここで天竜川を渡河して秋葉街道（二俣街道）を浜松方面に向かったと想定している。この進路は、史料で裏づけることができていない。高柳氏は、その後、欠下で三方原台地に上がったとする。このルートについては、有玉から欠下坂で三方原台地に上がり、追分《おいわけ》方面に至る古道があり、これが相当するだろう。この古道は、現在「信玄街道」と呼ばれており、鳳来寺道（金指街道）や本坂道（姫街道）に合流する。この道は、武田軍が黒鍬衆に命じて切り開いたとの伝承があるという（鈴木千代松・一九九五年）。これが信玄本隊の進軍路だと想定しておく。

この他に、武田軍が大菩薩に布陣したと伝える史料があることから、信玄本隊が欠下坂から三方原台地に上がる間、これを支援すべく浜松方面を監視した支隊の存在が想定される。この支隊は、高柳氏が想定した秋葉街道（笠井街道）を南下し、姫街道を西進してきた支隊と協力して、徳川軍に備えたのではないか。そして、信玄本隊が無事に三方原台地に上がりきると、これら二つの支隊は、大菩薩坂と宇藤坂（姫街道が三方原台地にさしかかる時に利用された坂）を利用して、信玄本隊の後を追ったのだろう。

武田軍は、追分付近で大休止をしたと想定されているが（参謀本部編・一九一〇年）、信玄が分散して三方原台地に上げた軍勢を、ここで勢揃いさせ、浜松の家康の様子をみた可能性は十分にあるだろう。『軍鑑』には、武田軍が三方原で徳川・織田軍の動向を逐一把握しながら、移動したとある。武田軍は、三方原には織田援軍はおろか、徳川方の伏兵など

信玄街道（静岡県浜松市北区）

宇藤坂（静岡県浜松市東区）

も存在しなかったことを確認し、次の行動に移ったのだろう。

以上の叙述は、高柳光壽、小楠和正氏の考証を参考に、断片的な史料や伝承などを参酌しながら、私が想定したものである。史料的な裏づけが乏しく、その当否は明らかでないが、今後の検証をまちたいと思う。

浜松城の軍議はなかった

武田軍は、二俣から二筋の秋葉街道を南下し、浜松城を目指して進んでいるかにみえた。ところが、武田軍は、進路を一斉に西に転じ、三方原台地を続々と上がっていったのである。徳川方は、武田軍の目標が、本国三河にあると想定した。

ここで世に名高い、浜松城での軍議が行われたといわれている。『浜松御在城記』を始めとする諸書には、家康は浜松城に在城しており、物見として武田軍の様子を見てきた鳥居《とりい》忠広《ただひろ》が帰城し、敵の陣は堅陣であるので、合戦をすべきではないと報告したとある。つまり、家康と重臣らとの軍議は、浜松城で行われたというのだ。これらの記録の中で、最も古い『三河物語』の該当部分を引用してみよう。

然間、信玄ハ、上方に御手を取衆之多くありけれバ、三河へ出て、それより東美濃ゑ出、それより切つて上らんとて、味方が原へ押上て、井の谷へ入、長篠へ出んとて、祝田へ引おろさんとしける処に、元亀三年壬申十二月廿二日、家康、浜松より三理に及で打出させ給ひて、御合戦を可被成と仰けれバ、各々年寄共の申上けるハ、今日之御合戦、如何に御座可有候う哉、敵之人数を見奉るに、三万余と見申候、其上、信玄ハ老武者と申、度々の合戦になれたる人なり、御味方はわづか八千之内外御座可有哉と申上けれバ、其儀ハ何共あれ、多勢にて我屋敷之背戸をふミきりて通らんに、内に有ながら、出てとがめざる者哉あらん、負くれバとて、出てとがむべし、そのごとく、我国をふミきりて通るに、多勢なりというて、などか出てとがめざらん哉、菟角、合戦をせずしてハおくまじき、陣ハ多勢・無勢にハよるべからず、天道次第と仰せけれ

> バ、各々是非に不及とて、押寄けり、敵を祝田ゑ半分過も引おろさせて切つてかゝらせ給ふならバ、やす〳〵と切勝たせ給ハん物を、はやりすぎて、早くかゝらせ給ひしゆへに、信玄、度々の陣にあひ付給へバ、魚鱗に備を立て引うけさせ給ふ、家康ハ鶴翼に立させ給へバ、少勢という、手薄く見へたり

これまで、三方原合戦の模様は、『三河物語』をベースに語られてきた。それはいうまでもなく、合戦の当事者たちに最も近い大久保《おおくぼ》忠教《ただたか》の記述だったからに他ならない。そして、『三河物語』の引用部分に、著名な徳川方の軍評議の様子が描かれている。徳川方は、武田軍が浜松に進出せず、進路を変更したのをみて、信玄の意図は、上方には武田を手引きする味方が多くいたので、軍勢を三河に進め、さらに東美濃に出て、京に攻め上ろうとしているのだろう、と考えたようだ。だから、三方原に押し上り、井伊谷《いいのや》へ入り、長篠に出ようとしているのだとの認識で、徳川家中は一致していた。

ここで家康は、信玄と決戦をしようと言明した。重臣らは、今日決戦を行うのは止めた方がよい、敵の兵力は三万余とみえる、そのうえ、信玄は老練な戦上手であり、味方はわずかに八千ほどだからです、と諌めた。家康は、その話はどうでもよい、大勢で自分の屋

敷の裏口を踏み破って通ろうとしている者を、屋敷内に居ながら出て咎《とが》めない者がいるだろうか、負けても出て行って咎めるのが当たり前だろう、それと同じように、我が領国を踏み破って通ろうとする武田軍を、多勢だからといって、出撃して咎めないことがあろうか、ともかく合戦をせずにおくものか、戦は兵の多寡で決まるものではない、それは天道次第なのだ、と主張したという。これを聞いた重臣らは、それならばやむを得ないと思い、家康の命に従ったという。徳川軍は、祝田坂を武田軍が下りるのを待って攻撃をしようと考えていたらしい。

　武田軍の動きを睨みながら、決戦を主張する家康と、自重を促す家臣らとの遣り取りは、『三河物語』を読んでも臨場感がある。ところで、仔細にみると、この軍議の場は近世の軍記物に記述される浜松城ではないのだ。『三河物語』では、徳川軍はすでに浜松城を出陣しており、武田軍を追尾しながら、その行軍の過程で軍議を行っていることがわかる。つまり、私も含めて、軍記物の記述に影響され、軍議は浜松城で行われたのだろうとの前提で『三河物語』を読んでいたのだ。これは完全な誤読といえるだろう。

　家康は、武田軍が浜松城に向かって進んできたものの、途中で三方原台地に上がったのを知ると、ただちに城を出てその後を追っていたのである。このことから、高柳光壽氏の学説を批判し、三方原合戦の再検討を行った富田日出雄氏らの疑問点などは、その根拠が失われることとなった（富田日出雄・一九八九年①②）。富田氏は、高柳氏が三方原合戦の戦場を、祝田坂上の根洗松周辺（三方原北端説）と想定したことを批判し、合戦場を小豆餅《あずきもち》とし、大柴原《おおしばはら》（浜松市中区住吉）で殿戦《でんせん》（軍列のしんがりで敵を防ぐ戦い）があったと想定した。その根拠の一つが、浜松城で軍議が行われた後に、武田軍の後を追ったのだから、三方原北端では開戦の時間（申刻《さるのこく》〈午後四～五時〉）には、城からの距離がありすぎて不可能だという点にあった。

　だが『三河物語』に、浜松を出て武田軍の後を追っている最中の軍議の模様が描写されている以上、この学説は根拠を失うことになったと考える。私もこれまで軍議は浜松城で行われてきたと思い込んでいたが、それは誤解だったのだ。『三河物語』を見る限り、浜松城内で、家康と家臣らとの軍議が行われた事実はないと想定できるだろう。徳川方は、武田軍を追跡しながら、逡巡していたのだ。

武田軍、再び進路を変更す

　武田軍が浜松城に攻め寄せることなく、突如、三方原に進路を変更したため、徳川方は

祝田坂入り口の根洗松（静岡県浜松市北区）

信玄が三河に侵攻する意図だと考え、その後を追った。その時の武田軍の進路は、『三河物語』に記述されているように、祝田に向かっていたことは確実である。これは、三方原の追分から鳳来寺道（金指街道）を選択したことを表しており、三河に向かうルートに当たる。

ここでもう一度、『三河物語』の記述を丁寧に読み直して欲しい。そこには、武田軍は確かに祝田に向かっているが、祝田（祝田坂）を下りたとも、下り始めたとも書かれてはいない。敵が半分でも祝田に向かって下り始めたら、開戦の好機であり、徳川軍はそれを狙っていたと記されているに過ぎない。家康の決断を最終的には支持し、開戦の機会を窺っていた徳川方は、逸《はや》りすぎてしまい、開戦に引きずり込まれたのだという。

ところが、武田軍は再び徳川軍の意表を衝く動きに出た。このことが、開戦の引き鉄となったと考えられる。三方原合戦について記録する、数少ない史料の一つである『信長公記』に、以下のような記述が認められる。三方原合戦の経緯を記した部分を全文引用してみよう（傍点は引用者による）。

是は遠州表の事
（元亀三年）霜月下旬、武田信玄、遠州二俣の城取巻きの由注進これあり、則、信長公御家老の衆、佐久間右衛門尉、平手甚左衛門、水野下野守大将として、御人数遠州浜松に至り参陣の処に、早二俣の城攻略し、其競に、武田信玄堀江の城へ打廻らせ相働き候、家康も浜松の城より御人数出だされ、身方が原にて足軽共取合ひ、佐久間・平手初めとして懸付け、互に人数立合ひ既に一戦に取向ふ、武田信玄水役の者と名付けて、三百人ばかり真先にたて、彼等にはつぶてをうたせて推太鼓を打つて人数かゝり来る、一番合戦に平手甚左衛門、同家臣の者、家康公の御内衆成瀬藤蔵十二月廿二日、身方が原にて数輩討死これあり、去程に、信長公幼稚より召使はれ候御小姓衆長谷川橋介・佐脇藤八・山口飛騨・加藤弥三郎四人、信長公の御勘当を蒙り、家康公を憑《たの》み奉り遠州に身を隠し居住候らひし、是又、一番合戦に一手にかゝり合ひ、手前比類なき討死なり、爰に希代の事あり、様子は尾州清洲の町人具足屋玉越三十郎とて年比廿四・五の者あり、四人衆見舞として遠州浜松へ参り候折節、武田信玄堀江の城取詰在陣の時に候、定て此表相働くべく候、左候はゞ一戦に及ぶべく候間、早々罷帰り候へと四人衆達《たっ》て異見候へば、是迄罷参り、か様の処をはづして罷帰り候はゞ以来口はきかれまじく候間、四人衆討死ならば同心すべきと申し切り、罷帰らず、四人衆と一所にに切つてまはり、枕を並べて討死なり、家康公中筋切立てられ、軍の中に乱れ入り、左へ付いて身方が原のきし道の一騎打を退かせられ候を、御敵先へ待請《まちう》け支へ候、馬上より御弓にて射倒し、懸抜け御通り候、是ならず弓の御手柄今に始まらず、浜松の城堅固に御抱へなさる、信玄は勝利を得人数打入れ候なり

『信長公記』の筆者太田牛一《おおたうしいち》は、家康が信玄を追撃した理由を、武田軍が堀江城に向かったことにあるとしている。そして、同書を読むと、武田軍は本来の行軍路から外れて、

堀江城に向かって進路を変更したと判断される。傍点部の「武田信玄堀江の城へ打廻《うちまわ》らせ相働き候」とある部分は重要である。この「打廻らせ」とは、遠回りをする、寄り道をする、という意味である（『日本国語大辞典』）。つまり、本来進むべき行路から外れて、堀江城に向かったということになるだろう。『三河物語』が伝えているように、徳川方は信玄が三河、そして東美濃を経て上方に向かうと想定していた。ところが、またもやその予想を裏切り、武田軍は再び進路を変更したのである。攻撃目標は、大澤基胤らが籠城する堀江城であった。ではなぜ信玄は、堀江城攻撃に向かったのか。そして『信長公記』は、これをきっかけに開戦になったと記録している。それはなぜなのだろうか。

家康はなぜ開戦に踏み切ったのか

家康は、多勢に無勢である、武田軍が堅陣である、あるいは老練な信玄が相手であるから、などの理由で、重臣から合戦を自重するよう諫言されていた。だが、武田軍が領国を押し通っているにもかかわらず、何の手出しもしなければ、遠江どころか三河衆の信頼をも失い、徳川氏は存亡の危機に陥ると家康は考えていたようだ。そのためにも、運を天に任せ、一戦をする決断を下した。

ただし、武田軍が祝田坂を下り、それが半分に達した時こそ、開戦の好機と考えていたらしい。ところが武田軍は、祝田坂を下るどころか、鳳来寺道を外れて、堀江城に進路を変更したのである。

信玄の狙いが、堀江城攻略であることがはっきりした。そして家康は、信玄の本当の意図を察知したとみられる。ここで、第二章で述べたことを想起して欲しい。堀江城と城主大澤基胤の支配領域（庄内半島）は、浜名湖水運を掌握する要所であった。もし堀江城が攻略され、庄内半島が武田方の手に落ちれば、浜名湖水運の主導権は、武田方に奪われてしまうことになる。

この事態を、家康は絶対に阻止しなければならなかった。既述のように、徳川氏と浜松城は、その補給の軸足を、浜名湖水運に置いていたからである。尾張、三河方面から、浜松に繋がる補給路は、北から鳳来寺道（金指街道）、本坂道（姫街道）、東海道、浜名湖水運の四ルートがあった。このうち、鳳来寺道は元亀三年十月の時点で、山県昌景・秋山虎繁勢によって制圧されていた。家康は、彼らが浜名湖の湖西の要衝宇津山城を攻撃してくることを恐れ、元亀三年十月二十七日、竹谷《たけのや》松平《まつだいら》清善《きよよし》を宇津山城に派遣し、ここを死守させている（愛⑪八二二号）。

そして、信玄は三方原に進出し、堀江城攻略に動き出した。このことは、浜松城の補給を支える浜名湖水運を押さえるためのものであったと考えられる。堀江城と庄内半島を掌握してしまえば、対岸の宇津山城を確保できなくとも、浜名湖水運の主導権は奪取できる。これは同時に、東海道（今切の渡）をも封鎖することが可能となるのだ。浜名湖水運が武田方のものになれば、今切の渡を利用して物資を浜松に送ることは不可能となる。

そればかりか、堀江城は大澤基胤が、かつて懸川城に籠城していた今川氏真に説明していた如く、三方原の陸上交通路を遮断する拠点としても機能していたわけで、武田氏が城を攻略できれば、本坂道（姫街道）、鳳来寺道（金指街道）は完全に封鎖され、浜松城は死命を制されてしまう。

信玄は、家康の本拠浜松城の弱点を見抜いていたのだろう。城を直接攻めずとも、家康が籠城を続けることが困難となる策を、信玄は着々と打っていたのだ。そして見逃せない動きが、遠州灘と三河湾で確認できる。それは、武田海賊衆（武田水軍）が動き出しており、三河国渥美《あつみ》郡の渥美半島に進軍し、田原を放火しているのだ（戦武一九九五号）。

このことから、武田海賊衆（武田水軍）が、信玄本隊と連動して、遠州灘に出撃し、制海権を奪いに来ていたことがはっきりする。浜松は、掛塚湊（懸塚湊）、今切・新居《あらい》湊が近くにあったが、武田海賊衆の進出により、事実上封鎖されていたと考えられる。安宅船《あたけぶね》（大型の武装軍船）はもちろん、多数の船舶を擁する武田海賊衆に対し、徳川水軍は極めて規模が小さく、その敵ではなかった（当時の徳川水軍に、安宅船の存在は確認できない）。

第二章でも紹介したように、浜松城は兵粮米などの輸送を、浜名湖水運に依存していたが、巨視的にみると、さらにそれは三河湾の水運を頼みの綱としていたのだ。

武田海賊衆は、信玄本隊の陸路侵攻に合わせて遠州灘を進み、この海域の制海権を奪取すると、三河湾に突入したのだろう。では、三河湾と田原に出現した武田海賊衆は、どこから来たのか。ここで、信玄の遠江侵攻路を想起したい。武田軍は、小山城、相良城を経由している。この二つの城には、湊が付属しており、駿河の武田海賊衆にとって、西へ向かう中継拠点となっていたと考えられる。さらに、注目したいのは、信玄が高天神城を攻略していることである。高天神城の城下には、遠州灘から入り込んだ「菊川入江《きくかわいりえ》」が存在し、ここには今川時代以来の浜野浦《はまのうら》があった。つまり、高天神城は、「海の城」という性格も併せ持っていたわけだ（土屋比都司・二〇〇九年、平山・二〇一七年）。これにより、武田海賊衆は、相良湊からさらに進んで、浜野浦の利用が可能となった。信玄が高天神城を入手したのは、陸上における拠点城郭の確保の他に、遠州灘への経略という意図もまたあっ

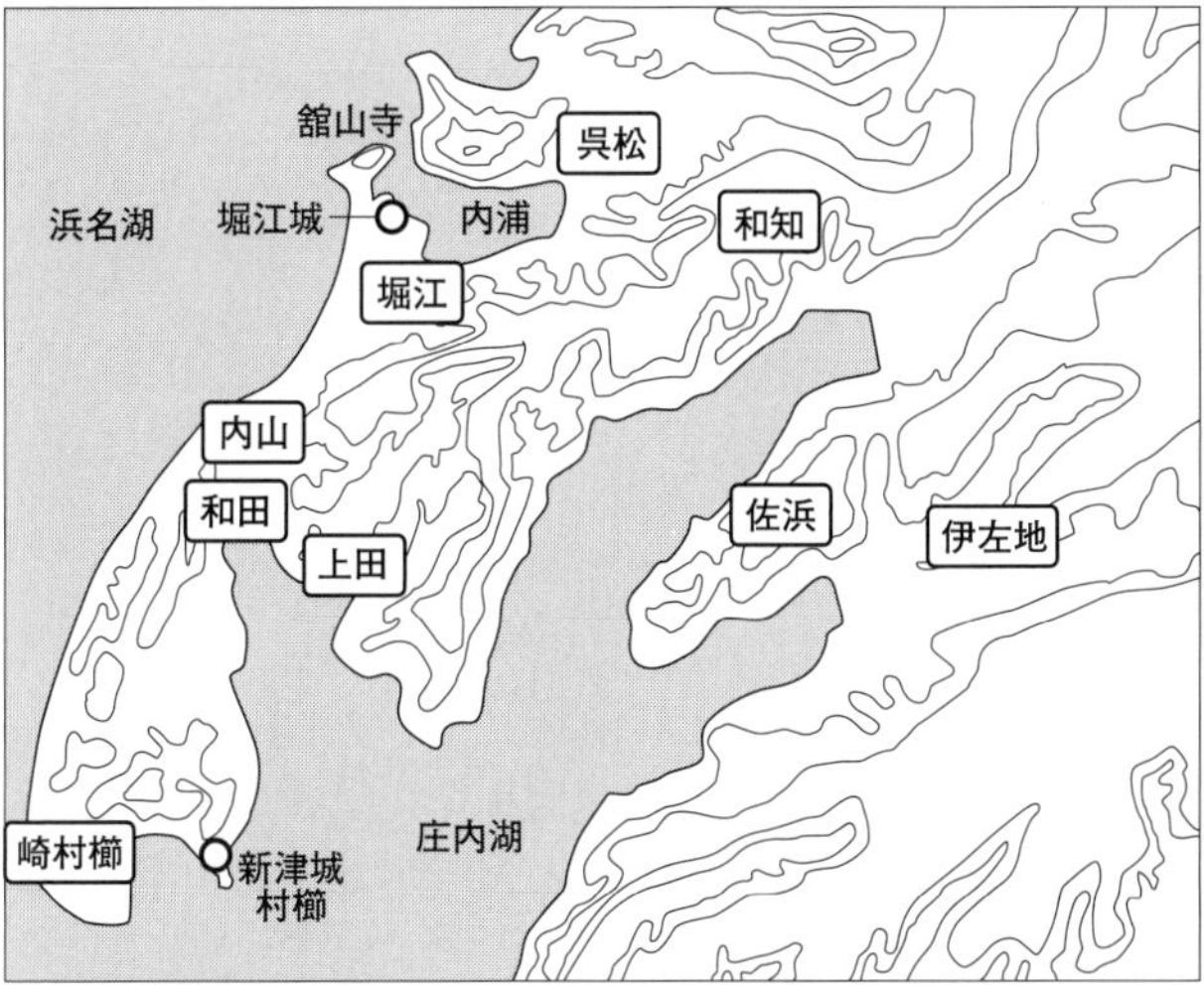

大澤基胤領関係図

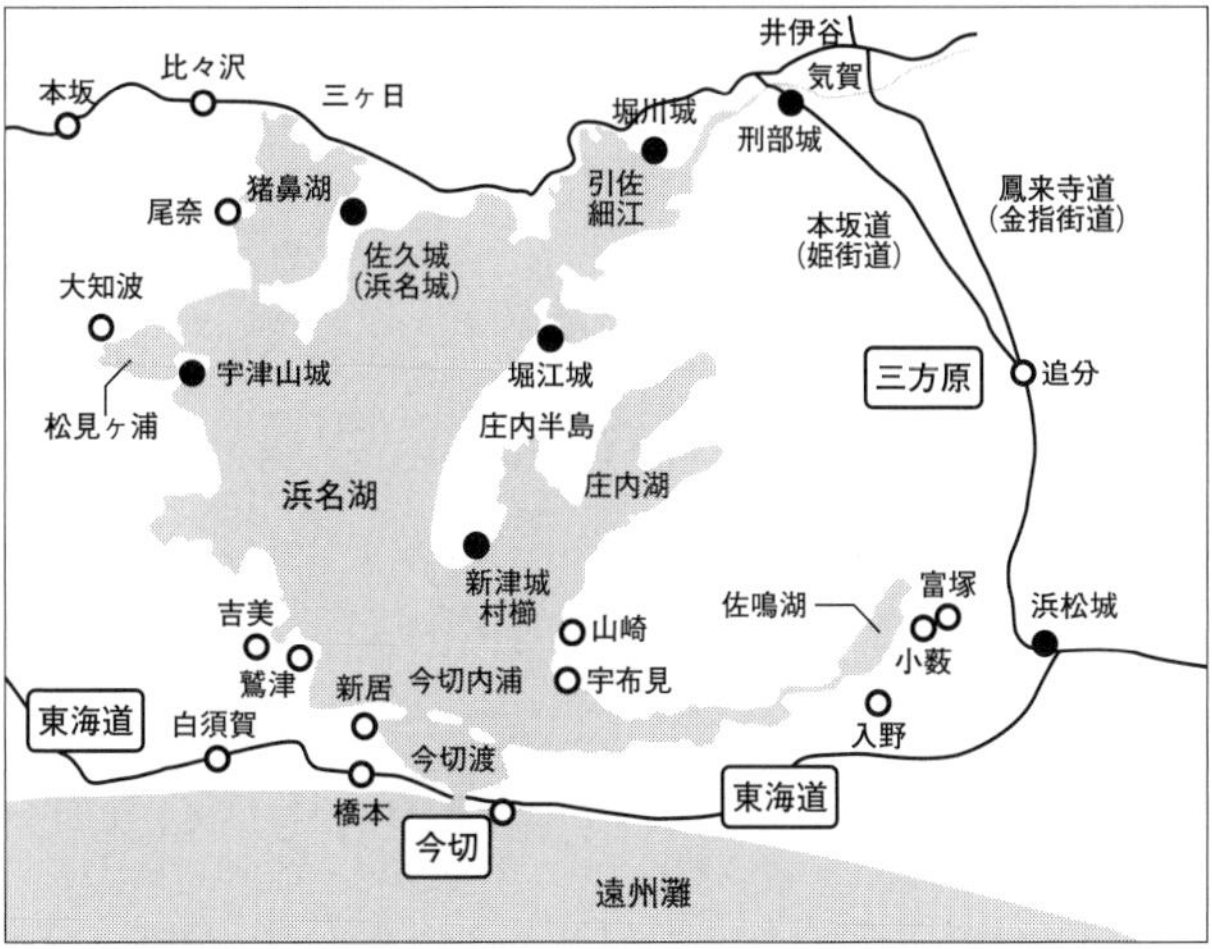

浜名湖水運と陸路関係要図

たと想定される。

それにしても、田原まで武田海賊衆が出撃することなど、徳川方は想定していなかったであろう。武田海賊衆の活動で、徳川方は遠州灘での制海権を失い、三河湾水運も危機にさらされていた。信玄は、浜名湖水運と三河湾水運の制海権を奪うべく、陸路は武田軍本隊が、海路は武田海賊衆が、それぞれ活動を開始していたのである。

家康は、浜松城維持のためにも、信玄の堀江城攻略を断固阻止せねばならなかった。浜松城を放棄するような事態になれば、それは同時に遠江の放棄に繋がるからである。元亀三年十二月の時点で、遠江で徳川方だったのは、懸川城、久野城と堀江城の大澤氏、宇津山城などの浜名湖東岸と西岸のわずかな城砦しか残されてはいなかった。家康は、絶体絶命の窮地に立たされたのである。彼が、信玄に戦いを挑んだのは、そうするように結果的に仕組まれたからだといえるだろう。

第七章　三方原合戦

三方原をどう読むか

いよいよ、三方原合戦の実態を検討するところまで来た。ここでまず、押さえておきたいことがある。それは、「三方原」が、当時、どのように読まれていたかである。徳川家康と武田信玄が激突した「三方ヶ原の戦い」とは、あくまで学術用語である。しかしながら、当時から「去廿於于遠州見方原遂一戦」（戦武二〇〇六号）、「去廿二日当国於見方原遂一戦」（同二〇〇七号）、「今度遠州味方原之合戦」（同二〇〇九号）、「元亀三年壬申拾二月廿三日、於遠州三方原、武田信玄僧正与徳川家康一戦」（同二一七一号）とあるので、合戦の当事者である武田方は、戦場を「味方原」「見方原」「三方原」と認識していたことは間違いない。

問題は、この「三方原」をどう読むかである。現在の正式な地名表記と呼称は「みかたはら」であるが、地元の異称としては「みかたばら」「みかたっぱら」がある。そのため、学術用語としての「三方ヶ原の戦い」を、現行の「みかたがはら」ではなく、地元の呼称に準拠して「みかたばら」と読むべきだとの意見を聞くことが少なくない。

そこで、当時の「三方原」の読みについて検討してみよう。通説では、元和《げんな》九年（一六二三）に「みかたか原」の表記がみられ、近代以降では地名の読みが相違すると指摘されている（平凡社歴史地名大系『静岡県』「三方原（みかたばら）」）。

では室町・戦国期ではどうだったのか。堀江城主大澤基胤《おおさわもとたね》の子基宥《もとひろ》（基宿《もといえ》、真休斎《しんきゅうさい》、永禄《えいろく》八年〈一五六五〉～寛永《かんえい》十七年〈一六四〇〉）が記した合戦注文には「一、味方か原、極月廿七日」とあり（戦今二五二三号）、また『信長公記』『三河物語』にも「味方が原」と表記されている。

この他に、史料を検索していくと、万里集九《ばんりしゅうく》の記した『梅花無尽蔵《ばいかむじんぞう》』の文明《ぶんめい》十七年（一四八五）九月十四日条に「箕形《ミカタカ》原」と片仮名で読みが振られている（静⑦五七号）。つまり、少なくとも室町後期から戦国期において、三方原は「みかたがはら」と呼称され、近世までそう呼ばれ続けていたと考えられる。このことから、「三方ヶ原の戦い」を「みかたばら」と現行地名の読みに変更する必要はなく、これまで通り「みかたがはら」とするのが妥当であろう。本書も三方原合戦（みかたがはらかっせん）と読むことを、ここで改めて確認しておく。

徳川軍の兵力と陣容

それでは、元亀《げんき》三年（一五七二）十二月当時の、徳川家康と武田信玄の兵力と陣容について紹介していこう。実のところ、当時の徳川家康の兵力がどれほどであったかは、史料が少なく、はっきりしていない。

ただ『浜松御在城記』に、当時の三河・遠江二ヶ国の軍勢の兵力と配置が記されている。参考までに紹介してみると、浜松城に徳川軍八〇〇〇余人（織田援軍を含む）、三河吉田城に一〇〇〇余人、岡崎城に二〇〇〇余人、野田城に三〇〇〇余人、その他の人数はあちこちに分散して配置されていたとある。これは、ある程度参考にできる記事かも知れない。

実は『当代記』に、徳川軍の兵力について「浜松衆八千計なり」と記録されており、『浜松御在城記』の記述と一致している。これはほぼ、事実を伝えていると考えてよかろう。

また、三方原合戦にも参戦した、深溝《ふこうぞ》松平伊忠《これただ》の息子家忠《いえただ》が記した『家忠日記』には、天正六年当時の深溝松平軍の兵力と武装が記録されている（天正六年十一月十一日条）。それによると、侍八五人、中間一二六人、鉄炮一五挺、弓六張、鑓二五本、鑓使三人だったといい、家康によって着到（動員された軍勢が到着したことを上申する文書）が付けられたとある。このことは、徳川氏が分限帳（所領役帳）に基づく着到帳を保持しており、それに基づいて軍役を賦課していたことを示唆する（平山・二〇一四年②）。深溝松平氏の兵力は、二一一人であった。残念ながら、深溝松平氏の知行高がはっきりしていないので、知行高と軍役の相関関係を分析することはできない。それでも、三河の国衆の兵力に関する目安となるだろう。

徳川軍の陣容について、高柳光壽氏は、そのまま信用はできないと断りながら、『四戦《しせん》紀聞《きぶん》』の記述を参考のために掲出している。それを紹介すると、次のようになる。

酒井忠次組……桜井《さくらい》松平忠正《ただまさ》・福釜《ふかま》松平親次《ちかうじ》・深溝松平伊忠・竹谷松平清宗《きよむね》・形原《かたのはら》松平家忠・長浜《ながはま》松平康忠《やすただ》・御油《ごゆ》松平景忠《かげただ》・鵜殿康定《うどのやすさだ》・牧野康正《まきのやすまさ》・松平康長《やすなが》（二連木《にれんぎ》）・菅《すが》沼定盈《ぬまさだみつ》・同貞通《さだみち》・西郷家員《さいごういえかず》・奥平貞能《おくだいらさだよし》

石川数正組……大給《おぎゅう》松平真乗《さねのり》・松井《まつい》松平信一《のぶかず》・押鴨《おしかも》松平忠頼《ただより》・能見《のみ》松平忠澄《ただずみ》・内藤家《ないとういえ》長《なが》・平岩親吉《ひらいわちかよし》・酒井忠重《ただしげ》・同忠利《ただとし》・鈴木重時《しげとき》・同重愛《しげなる》・島田平蔵

独立隊……水野忠重《ただしげ》・小笠原長忠《ながただ》・大須賀康忠《おおすがやすただ》・松井忠次《ただつぐ》

家康旗本……大久保忠世《ただよ》・本多忠勝《ほんだただかつ》・榊原康政《さかきばらやすまさ》・本多康重《やすしげ》

これらのうち、いくつかの疑問点がある。まず、菅沼定盈が登場することである。当時、奥三河の山家《やまが》三方衆《さんぼうしゅう》（田峯《たみね》菅沼・長篠《ながしの》菅沼・作手《つくで》奥平氏）は武田方となっており、三河国設楽《したら》郡は危機的な状況にあった。その最中に、本拠地の野田城を留守にして、浜松に参陣することは無理ではなかろうか。同じように、奥平定能はこの時武田方となっており、当然徳川軍に参加していない。このことは、小笠原長忠（氏助のこと、高天神城主）にもいえることで、彼は武田氏に従属し、三方原合戦当時は高天神城に残留していたとみられる。このため、歴史本の多くに掲載されている三方原合戦の想定対陣図なるものに、小笠原長忠（氏助）などが記入されているのは完全なる誤りだといえる。

高柳光壽氏は、近世の家譜などを参考にしながら、徳川軍の陣容を以下のように考証している。

徳川軍右翼……酒井忠次（組下に松平家忠・同清宗等）

徳川軍中央……石川数正（組下に大久保忠世・芝田康忠等）

徳川軍左翼……家康旗本の先鋒（本多忠勝・大須賀康高等）、平手汎秀《ひらてひろひで》・佐久間信盛《さくまのぶもり》・水

野信元ら（織田氏援軍）

徳川軍予備隊……家康旗本

前掲の『四戦紀聞』などの記述でも気づくことだが、酒井忠次は西三河の国衆の一部を組下に編成していると想定されている。このことは、当時の徳川領国の事情が反映されているとみてよい。それは、繰り返し述べたように、当時、奥三河は武田方となっていた影響から、東三河の国衆を組下に置く酒井忠次の軍勢は、西三河の国衆を組下に置く石川数正と比べて、数が減っていたと考えられるからである。恐らく家康は、石川組下の西三河衆の一部を切り離し、酒井組下に編入させ、軍勢の数を調整したのだろう。

徳川軍の陣容や三方原合戦での陣立てについては、史料が乏しく、これ以上明確にしえない。ただ、三方原合戦に参加した家臣の家譜などを綿密に調査すれば、ある程度復元できる可能性は残されている。

先に徳川軍の兵力を八〇〇〇余と想定したが、三河国衆の兵力をそれぞれ二五〇人と仮定して検証を試みてみよう。酒井忠次組の組下は一〇人の国衆で構成され、これに忠次の兵力を加えれば、約二七五〇人となる。石川数正組もほぼ同様とすれば、徳川三軍のうち、二軍でおよそ五五〇〇人となる。これに家康旗本などを三〇〇〇人と想定すれば、徳川軍のみで約八五〇〇人規模になるだろう。ほぼ、『当代記』などの記述と一致する。ただ、これが織田援軍を加えた数かどうかという問題がある。『当代記』『浜松御在城記』などは、織田援軍を加えて八〇〇〇余と記述している。

では家康のもとに派遣された、織田援軍の兵力はどれほどであったか。まず、織田信長に家康援軍として派遣されたのは、佐久間信盛、水野信元、平手汎秀である。彼らのうち、佐久間は、織田氏における徳川氏担当の取次役《とりつぎやく》（奏者《そうじゃ》）であった。取次役は、その相手への援軍として派遣されるのが通例である。そのため、今回も家康援軍の一員に選ばれたのだろう。次に水野信元は、家康の外伯父であるとともに、徳川領国に隣接する地域の領主であること、さらに水野が佐久間の相備《あいぞなえ》（与力《よりき》、組下《くみした》）だったからであろう。佐久間信盛と水野信元が常に一緒に行動しているのは、それが理由だと考えられる（平山・二〇一四年①）。平手汎秀が、援軍の一員に選定された理由は明らかでない。

織田援軍三頭の兵力は、三〇〇〇余であったと想定される。この数字は、武田信玄が把握していた数字である（戦武一九九〇号、「如聞得者、織田信長岐阜へ帰、引間へ三千余加勢」とある）。実はこの他にも、十月二十二日の段階で、信長は梁田左衛門太郎広正《やなださえもんたろうひろただ》を追加で家康のもとに派遣しているが（信長三四四号）、三方原合戦に参加していたかどうかは確認できない。

以上のことから、徳川家康の軍勢は、およそ八五〇〇余、織田援軍三〇〇〇余、合計一万一五〇〇余ぐらいではなかったかと思われる。これは『当代記』などよりも三五〇〇人ほど多く、参謀本部編『日本戦史 三方原役』が想定する約一万よりも若干多いことになる。本書では、右のように想定しておきたい。

武田軍の兵力と陣容

これに対し、武田軍の兵力について、軍記物に三万とも二万とも記述されているが、『当代記』の二万がほぼ妥当だと思われる。このうち、武田軍は、従属したばかりの遠江衆をほとんど伴ってきていないと、私は想定している。それは、彼らの名前が、軍記物などを含めて、史料に登場しないからである。三方原合戦に、従属したばかりの三河衆（山家三方衆）の参戦は確認できるが、遠江衆は管見の限りみられない。恐らく、武田方が元亀三年十月から十二月にかけて確保した、高天神城、社山城、亀井戸城、向笠城、天方城、見付城（城之崎城）などに在番し、その保持に専念していたからだと考えられる。

三方原合戦において、名前が確認できる武田軍の物主《ものぬし》（部隊長）は、小山田信茂《おやまだのぶしげ》、山県昌《やまがたまさ》景《かげ》、武田勝頼《かつより》、穴山信君《あなやまのぶただ》、甘利信康《あまりのぶやす》、小幡信真《おばたのぶざね》、土屋昌続《つちやまさつぐ》、内藤昌秀《ないとうまさひで》、春日虎綱《かすがとらつな》、原昌《はらまさ》胤《たね》、馬場信春《ばばのぶはる》らである。このうち、山県昌景は駿河、三河の国衆らを、内藤昌秀は西上野《にしこうずけ》衆を、春日虎綱は川中島四郡（信濃高井《たかい》・水内《みのち》・埴科《はにしな》・更級郡《さらしな》）の川中島衆を、それぞれ組下《くみした》（相備《あいぞなえ》、与力）に置いていたと想定される。実際に山県昌景の麾下《きか》には、武田に帰属したばかりの山家三方衆の軍勢が加わっていたことが諸記録にみえる。『軍鑑』によると、甘利は小荷駄《こにだ》衆の警固を担当していたという。

武田氏の御一門衆、譜代家臣らの兵力と組下については、『軍鑑』巻八所収の「武田法《ほっ》性院《しょういん》信玄公御代惣人数之事《みよそうにんずうのこと》」が目安となる。これをもとに、兵力を想定してみよう。

武田軍のうち、多くの兵力を持っていたのは、山県・内藤・春日の三人である。そして兵力が最も多いのは、川中島衆を率いる春日虎綱であるが（虎綱配下四五〇騎、川中島衆一二一七騎、合計一六六七騎）、三方原合戦における春日勢の活躍は、軍記物にもみられない。これは、上杉謙信に備えて、かなりの兵力を川中島に残留させていたことが影響しているのかも知れない。三方原合戦で目立つのは、山県昌景（昌景配下三〇〇騎、駿河・三河衆ら九八〇騎、合計一二八〇騎）と小幡信真（五〇〇騎）である。また単独の兵力として多いのは、武田勝頼（二〇〇騎）、穴山信君（二〇〇騎）、小山田信茂（二五〇騎）である。この他に、徳川軍の鳥居四郎左衛門尉忠広を討った土屋昌続は、配下一〇〇騎に、組下一七五騎、合計二七五騎を率いていたという。なお、西上野小幡信真は、単独で備（軍勢）を組織できる大身であり（五〇〇騎）、彼は西上野郡司（箕輪《みのわ》城代）内藤昌秀の組下に編成されることはほとんどなかったらしい（なお内藤勢は、昌秀配下二五〇騎、組下六〇〇騎、合計八五〇騎、ただし西国出陣の時は半役とあるので、四二五騎）。永禄十二年の三増《みませ》合戦でも、山県昌景とともに単独で行動しており、天正三年の長篠合戦でも、内藤勢とは別の場所に配備されている（『軍鑑』他）。小幡勢は、信玄の判断により、その都度、要所に配備されることになっていたようだ。

ちなみに、武田軍の武将たちは、配下の兵力に加えて、雑兵《ぞうひょう》を一騎につき五人連れ、四人連れ、三人連れの三段階の指定があり、自分の担当、居住地域より遠方に参陣する場合や、敵に備え残留兵力を割かねばならぬ場合などには、半役（半分の動員）という規定があったという。これを考慮すると、山県昌景の場合は、三河・尾張方面が担当地域なので、五人連れ（総動員）となり、六四〇〇人という兵力が課せられたことになる。小山田信茂も、二五〇騎で五人連れであれば、一二五〇人、勝頼、穴山はそれぞれ一〇〇〇人、小幡は半役なので、一二五〇人となる。

このように、『軍鑑』の「惣人数」の記述が正しければ、恐らく、山県、小山田、勝頼、小幡、穴山だけで徳川・織田連合軍に匹敵する兵力となるので、総兵力はそれの倍以上になるとみられる。武田軍の兵力二万余というのは、実態に近い可能性が高い。『三河物語』に、敵は多勢、味方は無勢と徳川家臣らが口々に家康を諫めたのは、武田の大軍を眼前にした偽らざる印象だったと考えられるだろう。

三方原合戦場をめぐる学説

世に名高い、三方原合戦だが、実のところ、戦場となった場所がどこであったのかが特定されていない。現在、主戦場の位置については、次のような説がある。

①小豆餅付近とするもの。
②根洗松周辺とするもの。鳳来寺道を通り、三方原北端の祝田坂に下りる手前が主戦場だったと考察する。
③住吉の大柴原周辺とするもの。
④大谷付近とするもの。

これらのうち、現在、ほぼ否定されているのは、①の小豆餅説である。これは、三方原合戦の戦死者と伝承されてきた千人塚が、五世紀の古墳であったことが発掘調査などで明確となり、合戦との関連が否定されたことによる（浜松市教育委員会・一九六七年）。この小豆餅説は近世から著名であったようで、参謀本部編『日本戦史 三方原役』もこの説を採用していた。ただ、千人塚と三方原合戦との関連は否定されたが、主戦場がこの付近であったとする説は根強い。このことについては、後述としよう。

この小豆餅説を否定し、②の根洗付近（祝田坂上）が主戦場であったことを提起したのが、高柳光壽『三方原之戦』である。この学説の根拠は必ずしも明らかではなく、『三河物語』の検討などから、徳川軍は武田軍が祝田坂を下りることを想定し、下り始めたところで背後から攻撃する作戦であった

祝田坂（鳳来寺道旧道。静岡県浜松市北区）

が、案に相違して、武田軍が坂を下りずに待ち構えていた、と解釈した。この結果、主戦場となったのは、祝田坂上の根洗付近で、ここにあった根洗松という古松あたりに信玄本陣があったのではないかと想定したのである。これ以後、根洗付近（祝田坂上）説が通説として、今日の三方原合戦は語られており、あらゆる論著でこれが繰り返し紹介されている。また、三方原合戦の詳細な検証を試みた小楠和正氏も、高柳説を肯定している（小楠・二〇〇〇年、ただし、小楠氏は、三方原追分から祝田坂上という、もう少し広い範囲を戦場と想定している）。

小豆餅・大柴原周辺説

高柳説に対し、①の小豆餅説を肯定し、取り込みつつさらに突っ込んだ考察を行ったのが、③の大柴原説である。この学説は、富田日出雄氏によって提唱されたものである（富田・一九八九年・一九九〇年）。

富田氏が推定した大柴原とは、現在の浜松市中区住吉一帯の旧称である。富田氏は、開戦は小豆餅であるが、徳川軍は武田軍に押されて南に後退し、この大柴原で最後の抵抗を試みたと述べている。富田氏は、高柳光壽氏による根洗松周辺説では、浜松城での軍議で決戦を行うことに決定した後に、十二キロも移動せねばならないこと、また平手汎秀ら戦死した者たちの死没地と推定されるところが、いずれも根洗付近から遠く離れすぎていることなど、さまざまな理由を挙げ、不自然であると述べた。

また富田氏は、追分から祝田坂に至る一帯には、三方原合戦の伝承を残す遺跡が何もないのに対し、それが集中しているのは、小豆餅から大柴原であることも、合戦がこの地域であったことを裏付けると力説し、祝田坂上の根洗付近という高柳光壽説を否定したのである。ただ、小楠和正氏が指摘したように、祝田坂には古戦場の伝承があり、それは『引佐郡誌』上（一九二二年刊行）に「祝田坂の古戦場　中川村字祝田にあり」との記述がみられるので、伝承が存在しないというのは誤りである。

確かに、富田氏が指摘するように、小豆餅から大柴原周辺は、三方原合戦の伝承の多いところである。例えば、小豆餅には、戦前、旧第一航測連隊（通称「中部一三〇部隊」）があり、その敷地内には「家康陣跡」の石碑が建っていたといい、これは欠下坂から追分を通る「信玄街道」と正対する位置にあったという。また、住吉の元《げん》亀《き》霊《れい》神社（住吉会館敷地内）は、戦死者を供養するため、昭和五年（一九三〇）に建立されたものである。この地域には、かつて数多くの小塚があったといい、これらは大正時代に、三方原開拓事業によって失われ

三方原合戦戦死者を祀る元亀霊神社（静岡県浜松市中区）

ていったという。ところが、その過程で、小塚から鎧《よろい》の小札《こざね》が掘り出されたことから、これらは三方原合戦の戦死者を埋葬した塚であると考えられるようになり、元亀霊神社として祀《まつ》ったと伝わる。この他に、家康家臣成瀬藤蔵《なるせとうぞう》が戦死したと伝わる「成瀬谷」も、住吉付近に伝承されている。

ただ、富田説は、高柳説を否定することに性急すぎて、論拠が極めて弱い。また、徳川方の軍議を浜松城内と断定し、『三河物語』に記述される、徳川軍が武田軍の後を三里にわたって追っていたことなどを、ありえぬこととしている。しかしながら、既述のように、『三河物語』を読む限り、軍議は浜松城内ではなく、武田軍を追尾し

精鎮塚旧跡から舘山寺方面を見る（静岡県浜松市中区）

ながら実施されていることは明確なので、富田氏の考証の前提そのものが崩れてしまっていることになろう。

大谷付近説

その後、提起された最も新しい学説は、④の大谷付近説で、鈴木千代松氏が提起したものである（鈴木・一九九五年）。鈴木氏は、富田氏が追分以北の三方原には、合戦に関する史跡や伝承は存在しないと指摘したことに対し、いくつかの存在を明らかにした。

それが、戦死者の供養塔と伝わる精鎮塚とオンコロ様である。精鎮塚は、浜松市中区花川町にかつてあった供養塔で、現在

精鎮塚（本乗寺。静岡県浜松市中区）

は、三寶山本乗寺《さんぽうざんほんじょうじ》（日蓮宗、浜松市北区三方原町）の境内に移され、現存している。地元では、徳川方の戦死者の供養塔だと伝わる。

　次にオンコロ様であるが、これは二ヶ所存在したといい、一つは東大山《ひがしおおやま》二の平という場所に、もう一つは精鎮塚の南方にあったくつわ渕の東に、それぞれあったという。このうち、後者は、徳川軍の戦死者を葬ったところだとの伝承があったが、昭和六十二年に開発により消滅した。いっぽうの前者は、宝篋印塔《ほうきょういんとう》があったが、大正時代に開墾の妨げになることから、大谷にあった妙功庵《みょうこうあん》に移転させた。この妙功庵は、昭和二十九年に、田米寺《たべいじ》、雲泉寺《うんせんじ》と合併され、中川寺《なかがわでら》が創建されたという。この時、宝篋印塔も中川寺に移され、現存している。そして、この宝篋印塔は、武田方の戦死者小幡又八郎昌定《まささだ》の供養塔であるといわれている（鈴木・一九九五年）。

小幡昌定の塚については、『浜松御在城記』に「一、此合戦ノ時、甲州方小幡尾張重定入道新龍斎カ四男又八郎昌定討死、三方ヶ原ニ塚ヲ築、卒都婆《そとば》ヲ立候ト、信玄全書ニ見タリ、若其古跡御座候哉、可尋出事」と、彼の墓所が三方原にあるとの伝承を記載しているが、この記録の筆者自身はそれを確認していなかったようだ。ところが、『遠江風土記伝』の「三方原」の項の一節に「元亀三年甲斐の軍兵茲《ここ》に屯す、小幡重定の

オンコロ様（中川寺。静岡県浜松市中区）

四男又八郎昌定討死し、三方原に塚を築く、都田原の道辺に塚あり」とあり、小幡昌定の塚といわれるものが、都田原にあったことを伝えている。これが、かつてオンコロ様と呼ばれた宝篋印塔であるのだという。

こうした史跡や伝承調査を踏まえて、鈴木千代松氏は、主戦場は大谷付近であったと主張したのである。この説は、史料的な裏づけに乏しく、あまり注目されることはなかった。

戦場はどこか

ここまで、四説を紹介してきたわけだが、はっきりいえば、どれも史料的根拠があるわけではないという点で共通している。高柳説は、四説のなかで、『三河物語』などを根拠に、武田軍が祝田坂を下りるだろうとの想定のもと、徳川軍は追尾してきたが、案に相違して下りず、そのまま合戦となったと読み解き、主戦場を祝田坂上の根洗付近としたわけである。今のところ、それが最も史料的裏づけを持つ説と受け止められており、通説として人口に膾炙《かいしゃ》しているわけだ。

私も、『三河物語』をもとに、武田軍が鳳来寺道を進み、祝田坂に向かっていたと想定している。だが、ここから高柳説との考えの相違が明確となる。既述のように、『信長公記』を読む限り、武田軍は進軍路を突如変更し、徳川軍の予想を裏切る動きに出た、と考える。信玄は、祝田坂を下りるのではなく、堀江城に進路を向けたのだ。ここで武田軍は、鳳来寺道から外れ、三方原を西に進み始めたと考えられる。

このように推定した場合、四説のなかで、私の想定に近いのは、鈴木千代松氏の大谷付近説になる。実は、大谷付近は、堀江城のある舘山寺《かんざんじ》に向かう道筋にあたるのだ。家康が、堀江城を標的にした信玄の意図を理解したことで、合戦が始まることになると想定した場合、やはり戦場は大谷付近だと考えるのが妥当だと思う。この大谷については、一点だけ記録に登場する。三方原合戦で戦死した上田元秀について、『寛政譜』に「(元秀は)元亀三年、請て三方原の御陣に供奉し、十二月二十三日、遠江国大谷にをいて戦死す」と記されている。戦死者の記録の多くは、三方原にて戦死したことのみを記し、三方原のどこで落命したかを書き留めていない。上田元秀の記録は貴重な記述といえるだろう。また、大谷に隣接しているのが根洗なので、大谷から根洗にかけての一帯が、主戦場だったと想定できるのではなかろうか。

その後、徳川・織田連合軍は総崩れとなり、浜松城めざして撤退を開始したわけである。武田軍が追撃を実施したことは、『三河物語』を始め、あらゆる軍記物に記されている。

追撃してくる武田軍に、徳川・織田軍が抵抗を続けながら後退し、最終段階の激戦地となったのが、大柴原から犀《さい》ヶ《が》崖《がけ》、伊場《いば》にかけての一帯だったのではなかろうか。

もちろんこれらは、いずれも確実な裏付けを欠いている。『三河物語』『信長公記』などの解釈と、現地の史跡や伝承をあわせて想定した仮説である。今後の検証をまちたいと思う。

開戦の経緯

武田軍が進路を変更したことで、家康は信玄と合戦をする決断を下した。開戦の時刻は、諸書を検討すると、申刻《さるのこく》(午後四時頃)のことであったといわれる(小楠和正・二〇〇〇年他)。開戦の経緯については、『三河物語』と『当代記』に記述がある。前掲の『信長公記』と見比べて頂きたいと思う。

(1)『三河物語』(一二七頁からの続き)

信玄ハ、まづ、郷人原を出させ給ひて、礫《つぶて》をうたせ給ふ、然るとハ申せ共、家康衆ハ、面もふらず、錣《しころ》ヲ傾けて切つてかゝる程に、早一二之手を切崩しけれバ、又入かへてか丶るを切崩して、信玄の旗本迄切付けるに、信玄之旗本より、真黒に時（関）をあげて切つてか丶るほどに、纔《わずか》八千之人数なれバ、三万余の大敵に、骨身をくだきてせり合たれバ、信玄之旗本に切返されて、敗軍する

（2）『当代記』（元亀三年十二月条）

同廿二日、信玄都《みやこ》田《だ》打越味《み》方《かた》か原《はら》江打上、浜松衆為物見十騎、廿騎つ丶懸来取合之間、是を可引取之由曰、家康公出馬之処、不慮に及合戦、浜松衆敗北、千余討死、信玄人数二万、浜松衆八千計《ばかり》なり、浜松近辺放火、但町中へは不押入

『軍鑑』によると、信玄は、家康が距離を取りながら、後を追ってきていることを知っていた。信玄は家康との決戦はありうると考えながらも、できれば合戦を回避したいと思っていたという。なぜならば、武田方は、織田の援軍九頭（九部隊）が、岡崎、山中（岡崎市山中）、吉田、白須賀に布陣しており、家康の伯父水野信元が待機しているとの情報を摑んでいたからである。ただし、この情報は正確なものではなく、徳川・織田方が流布させた虚報であろう。当時の信長に、九頭にも及ぶ軍勢を、家康の援軍として派遣する余裕な

ど、ありはしなかった。信玄は、これを信じていたのかも知れない。

　信玄は、家康と合戦をして勝利しても、織田の援軍が大軍をもって武田に挑んでくれば、徳川との合戦で疲弊した武田軍は敗北する恐れが大きいと考え、熟考していたという。

　信玄は、勝頼、山県昌景、馬場信春を殿軍《でんぐん》として三方原を行軍し、今日は山際まで行くと下知したという。この山際とは、恐らく井伊谷周辺のことを指すとみられる。三方原を北上する信玄のもとに上原《うえはら》能登守《のとのかみ》が物見から帰陣し、徳川軍が犀ヶ崖方面より接近してきていると報じた。信玄は何度も物見を出し、とりわけ、物見功者として名高い室賀《むろが》入道《にゅうどう》（室賀信俊《のぶとし》）を物見に派遣し、上原らの判断の当否を探らせた。室賀も、帰陣して信玄に、一戦すれば勝利疑いなしとの判断を言上したという。徳川軍は織田援軍とともに九手（九部隊）で構成され、横一列（一皮《ひとかわ》）のみであり、しかも織田援軍は士気が低いというのが、物見たちの一致した判断であった。馬場信春らも、この一戦は勝利疑いなしと考え、信玄に決戦を勧めた。これを受け、信玄はようやく徳川・織田連合軍と戦う決断を下した。

　合戦は、申刻（午後四時頃）に開始されたが、このように遅くなったのは、信玄が敵方の様子を慎重すぎるほど窺っていたからだと『軍鑑』は記している。徳川・織田連合軍が、「一皮」（横一列）の陣形を取っていたことは、『三河物語』も家康が鶴翼《かくよく》（翼を広げたように左右に広がり敵を迎え撃つ陣形)、武田が魚鱗《ぎょりん》(魚のウロコのように三角形となり敵の中央突破を目指す陣形)と記しており、一致した表現であることがわかるだろう。

いっぽう、徳川・織田連合軍は、武田軍の後方を追尾していたが、浜松城からすでに物見と称して、血気に逸る武者たちが一〇騎、二〇騎ずつ、続々と武田軍の後を追いかけていたという。彼らを、徳川方は抑えることができていなかったようだ。『四戦紀聞』『大三川志』などによると、先駆けをした武者は、何と一〇〇〇余にも及んだという。

武田軍は、彼らをめがけて礫《つぶて》を投げたという。『三河物語』には「郷人原《ごうにんばら》」(村人の奴ら)、『信長公記』には「水役之者《みずやくのもの》」(水汲み役の連中)とあり、いずれも身分の低い人々(恐らく陣夫役《じんぶやく》の百姓らであろう)三〇〇人ほどが、徳川方に礫を投げ、挑発したのだとある(なお、これが小山田信茂の麾下であるというのは俗説、丸島和洋・二〇一三年参照)。この挑発に、先駆けをして武田軍の後を追っていた一〇〇〇余人は反撃し、小競り合いが開始された。かくて、武田と徳川による足軽どうしの合戦が始まってしまったのである。

『松平記』にも、血気に逸った若武者たちを、懸命に阻止しようとする場面がある。渡《わた》辺《なべ》半蔵《はんぞう》は、物見に出て武田軍の偉容を確認すると、家康に事情を説明し、大変なことになるから先手を呼び返すべきですと進言したという。また、頭に血を上らせ、前線に出ていこうとする芝田康忠、大久保忠世を、「ひらにとまれ」と制したが、彼らはそれを振り切り、真っ先に敵を攻撃して、その実力をはかってみよ、と足軽に攻めかからせたとある。

家康は、こうした武者たちを徳川軍本隊のもとへ引き取り、武田軍との間合いを計りながら、合戦をしようと考えていたようだ。ところが、先に進んでいた武者たちが、礫の挑発に乗って、戦端を開いてしまったのである。このため家康は、彼らを支援すべく、応戦しなければならなくなった。『当代記』などを見る限り、家康は、自分の作戦を実行する機会を失い、先陣となっていた徳川方の武者たちを援助することになり、応戦を下知したと考えられる。合戦が始まったころ、曇天だった天気は、にわかに降雪に変わったといい、極寒のなかでの戦闘になったと、『四戦紀聞』は記している。

戦いの模様

徳川・織田連合軍は、横一列の鶴翼で布陣していたが、その備《そなえ》は兵力が少ないため薄くなってしまい、後備《あとぞなえ》（予備隊）がまったく存在しないという有様だった。それに対し、武田軍は、魚鱗で布陣しており、備が段々と表現されるように、後方に後備が多数控える状況だったようだ。

武田軍は、小山田信茂を先陣に、山県昌景、武田勝頼、馬場信春らが徳川方に正対していたと『軍鑑』にみえている。これは、徳川・織田連合軍の接近に伴って、急遽布陣したものではなく、三方原を進軍する過程で、すでに準備を整えていたようなのだ。既述のように、『軍鑑』によると、信玄は殿軍として、勝頼、山県、馬場を配置し、徳川軍への警戒を怠らなかったとある。また同書によると、物見を勤めた上原能登守は、小山田信茂の軍勢から派遣されたとあり、その報告を、信茂は馬場信春を伴って本陣の信玄のもとに告げている。このことから、殿軍には小山田信茂の軍勢もいたと想定できるだろう。

つまり、武田軍の魚鱗とは、殿軍がそのまま徳川・織田連合軍に対峙する格好になったと考えられる。そして、合戦が展開されるわけであるが、戦いの経過は、ほとんどの軍記物が、『軍鑑』の内容をもとに記述していると考えられるほど、似通っている。そのため、あれこれ紹介しても、あまり意味を持たないであろう。ここでは、『軍鑑』の記す合戦の経緯を見ていきたい。

『軍鑑』によると、徳川・織田連合軍は、山県昌景勢に集中攻撃を加えたようだ。まず山県勢を攻めたのは、家康旗本であったという。家康旗本には、本多忠勝、榊原康政らがいたとみられ、猛攻撃を加えたようだ。山県勢は、三町（一町は約一〇九メートル）あまり後退した。山県勢が苦戦したのは、その先陣にいた山家三方衆の軍勢が、家康旗本の攻勢に恐れをなし、後方へ四町も逃げたことによる混乱が原因だった。これをみた酒井忠次勢が、山県勢に襲いかかり、山県勢の左にいた小田原衆（北条援軍）もろとも三町も後退させた。これに対し、馬場信春勢が加勢して、勢いを盛り返したが、山県勢は、日頃の武勇に相違して、この時ばかりは総崩れ寸前だったという。そこへ、武田勝頼勢が横槍を入れ、家康旗本を切り崩したため、山県勢は態勢を立て直し、酒井忠次勢に攻撃を仕掛けた。

　これをみた信玄は、小荷駄衆の甘利信康に命じて、横槍を入れるよう下知した。甘利勢は、小荷駄を捨てて、酒井勢に切り込んだため、忠次は後退したといい、それに釣られるように酒井勢は逃げ崩れた。こうして徳川・織田連合軍は、敗退したという。

　武田軍は、先手と二の手の軍勢、一四組だけで徳川・織田連合軍を撃破し、信玄旗本、脇備《わきぞなえ》、後備はまったく参戦せずに勝利をおさめたという。信玄は、織田信長が偽装工作を行い、実は今切《いまぎれ》付近にいるだろうと予想し、二度目の合戦の支度をするよう、全軍に下知した。そこで、参戦しなかった脇備を先陣へ、後備を前に配置しなおし、捨て篝《かがり》（武田軍の周囲を照らし、遠くから接近してくる敵を早期に発見できるように設置した篝火《かがりび》のこと）、本篝（武田軍の陣中を照らすための篝火）を設置して、織田の襲来を待ち構えたが、何事も起こらなかったという。このころ、すでに夜になっていたらしい。

『三河物語』によれば、徳川軍は礫をものともせず、錣《しころ》を傾けて武田軍に斬りかかった。そのため、武田軍の先手と二の手は切り崩され、入れ替わりに参戦してきた敵勢をも撃退したという。そして遂に、信玄旗本に切り込んだ。しかし、信玄旗本の大軍が真っ黒になって襲いかかってきたため、徳川軍は持ちこたえられずに敗軍した。武田軍の先手と二の手に打撃を与えたというのは、『軍鑑』の記述と符号する。だが『軍鑑』には、信玄旗本は参戦していないとあるが、『三河物語』は信玄旗本にも切り込んだとしている。

確実な史料では検証できないが、『軍鑑』巻十六に、三方原合戦の際に土屋昌続が家康家臣鳥居四郎左衛門尉と組み討ちとなり、これを討ち取ったとの記述がある。当時、土屋昌続は、信玄側近として旗本にいたので、徳川軍が信玄旗本衆に襲いかかったのは事実かも知れない。それほど武田軍先手、二の手が押し込まれたということだろう。

徳川・織田軍総崩れとなる

徳川・織田連合軍が敗北した理由は、『信長公記』の記述（一三一頁参照）に、「家康公中筋切立てられ」とある如く、軍勢の中央を切り破られたことにあったようだ。鶴翼の隊形であった徳川・織田連合軍は、中央を武田軍に突破され、左右に分断されてしまい、その後は各個撃破されたとみられる。

合戦は、酉刻《とりのこく》（午後六時頃）にはほぼ決着がついたといわれる（「本多家武功聞書」他）。『軍鑑』には記録されていないが、『三河物語』など、徳川方の記録には、武田軍が浜松城付近まで猛追撃を実施したと書かれている。

徳川・織田連合軍にとって幸いだったのは、敗北が決定的になったころ、周囲は夜の闇に包まれていたことだ。地の利がある徳川方は、浜松城を目指して逃亡した。いっぽうの武田軍は、連合軍を追いかけたものの、地理に暗く、家康を取り逃がしてしまっている。徳川方の退却の様子を記す『三河物語』の部分を紹介しよう（一六一頁からの続き）。

> 家康、御動転なく、御小姓衆を討せじと思召て、乗廻し給ひて、まん丸に成て退かせ給ふ、馬にて御供申衆ハ、菅沼藤蔵、三宅弥次兵衛、其外ハおり立ければ、馬にはなれて徒立なり、中にも大久保新十郎（忠隣）を悲しませられ給ひて、小栗忠蔵に馬を一つとれと仰ければ、相心得申とて、頓て取て乗りける、忠蔵も手を負ひけるが、其馬を新十郎にかすまじきかと被仰ければ、御意よりはやくお請を申て、飛つでおり、新

十郎に乗せて、我は股を鐙にて突かれけるが、痛まずして御馬に付奉りて、御城迄御供を申、上様よりも御先へ逃入て、上様ハ御打死にを被成たると偽を申処へ、無何事入らせ給へバ、彼者共ハこゝかしこへ又逃げかくれけり

家康は、軍勢が総崩れになりながらも、動転することなく、御小姓衆たちを戦死させぬよう配慮しながら、主従が丸く固まり撤退を始めた。家康とともに、馬で供をしていたのは、わずかに菅沼藤蔵と三宅《みやけ》弥次兵衛《やじべえ》のみで、他は馬を失い徒歩《かち》でついてきていた。家康は、特に大久保新十郎忠隣《ただちか》を哀れに思い、小栗忠蔵《ちゅうぞう》に馬を一疋《ぴき》確保してくるように命じた。小栗は承知しましたと返答し、まもなく放れ馬を確保して自身が騎乗して帰ってきたという。これをみて家康は、その馬を新十郎に貸してはくれまいかと尋ねたところ、それよりも早く小栗は馬から飛び降り、大久保忠隣を乗せてやったといい、自分は怪我の痛みを我慢して家康の馬を守りつつ城に帰り着いた。

家康撤退の状況については、前掲の『信長公記』にも「家康公中筋切立てられ、軍の中に乱れ入り、左へ付いて身方が原のきし道の一騎打を退かせられ候を、御敵先へ待請《まちう》け支へ候、馬上より御弓にて射倒し、懸抜け御通り候、是ならず弓の御手柄今に始まらず、浜

成瀬藤蔵らの墓所（宗源院。静岡県浜松市中区）

松の城堅固に御抱へなさる」と記録されている。家康は、武田軍に備の真ん中を切り破られ、敗戦が確定すると、馬に乗って乱戦の中に身を投じて左に進み、一騎ずつしか通れぬ岸道（崖に沿った道）を懸命に撤退していたところ、敵が待ち伏せしていたので、馬上から弓でこれを射倒し、ここを突破したという。家康の弓の腕前は、かなり有名だったらしく、これが彼の命運を拓《ひら》いたといえるだろう。それにしても、武田軍は、家康を討ち取る好機を逃していたらしい。ここでも、家康は強運の持ち主だったと思われるほどの危難を脱している。そして、この撤退戦のさなかに、『三河物語』に登場した成瀬藤蔵は戦死している。彼は、家康を逃がすべく、自分の身を楯にして壮烈な戦死を遂げたらしい。

このように、家康はいつ戦死してもおかしくない状況だった。城内には、家康よりも早く逃げ戻った連中がおり、彼らは、家康は討死したと告げ知らせていたので面目《めんぼく》を失い、こそこそと逃げ隠れしたという。徳川軍の兵卒が周章《しゅうしょう》狼狽《ろうばい》し、散りぢりになりながら城に逃げ帰ったことが窺われる記述である。浜松城では、家康戦死の虚報が飛び交う有様で、それが信じられたほどの敗戦だったのだろう。

この記事に続けて、『三河物語』は次のように記録している。

> 上方牢人に、中河土源兄弟ハ覚之者と申つるが、浜松へハゑ退かずして、懸河へ逃げてゆく、水野下野殿（信元）ハ、今切を越て逃げ給ふ、山田平一郎ハ岡崎迄逃行て、次郎三郎（信康）様之御前にて、大殿様（家康）ハ御打死を被成候と申上候処へ、上様ハ無何事御城へ入らせられ被成候、諸大名衆も、一人も無何事引退け申なり

徳川軍の混乱と動揺が、端的に記述されている。中河兄弟は、覚えの者（名誉の武士）との誉《ほま》れが高かったにもかかわらず、浜松ではなく、懸川城に逃げ込んだという。また水野

信元は今切の渡を越えて逃げたといい、山田平一郎《へいいちろう》は岡崎城まで逃れ、家康戦死を知らせたという。その後、家康が無事であることが判明したが、かなりの混乱ぶりが窺われる。なお、水野信元は、『当代記』にも岡崎まで逃げたとあり、その体たらくから、実は信玄に内通していたのではないかと疑われ、まもなく信長の命で切腹させられたとある。

浜松城に帰れなかった者は、彼らだけではなかった。榊原康政は家康とはぐれ、自身は武田軍の追撃を振り切ったものの城には戻れず、西島《にしじま》（浜松市西島町）に逃れて様子を窺っていたと伝わる。康政は、もし武田軍が浜松城に攻め寄せるようなら、背後から攻めかかり討死する覚悟を決めていたという（『浜松御在城記』『東武談叢』他）。このように、徳川軍の兵卒の中には、浜松城に戻れなかった者が多数いたと考えられる。浜松の各地には、家康が三方原敗戦の時に隠れたとか、匿われたという伝承が極めて多く、一部はその場所を「権現谷《ごんげんだに》」と呼んだり、家康を匿ったことを誇らしく伝えるところが少なくない（浜松市博物館・二〇二二年①②）。これらは、城に戻れなかった徳川軍の兵士たちが、武田軍の追撃を恐れ、身を隠したところではなかろうか。

味方の敗戦を知った、浜松城留守居の夏目《なつめ》次郎《じろう》左衛門尉《ざえもんのじょう》広次《ひろつぐ》は、急ぎ兵を率いて家康を出迎えに行き、彼を城に逃がし、自らは身代わりとなって戦死したという（『徳川実紀《じっき》』

夏目広次の碑（静岡県浜松市中区）

犀ヶ崖近くに建つ本多忠真の碑（静岡県浜松市中区）

平手塚(平手汎秀の碑。静岡県浜松市中区)

他)。

なお、浜松城では、酒井忠次が武田軍の攻撃を断念させるべく、城門を開け放ったまま篝火を煌々《こうこう》と焚き、城内を静粛にしていたので、追撃してきた武田軍が城に攻め入るのを自重したと記述する軍記物がある(『四戦紀聞』他)。これは『三国志演義』に名高い「空城《くうじょう》の計」に相当する逸話だが、この話は、酒井忠次が太鼓を打ち鳴らし、士気を高め、敵軍を警戒、自重させたという「酒井の陣太鼓」同様、史実と認定することはできないであろう。

犀ヶ崖の夜討ち

武田軍は、激しい追撃を展開し、多くの

犀ヶ崖古戦場の碑（静岡県浜松市中区）

徳川・織田方の兵卒を討ち取った。戦死した武将については、次項で検討するが、徳川重臣夏目広次、本多忠真らを失う打撃を受けた。そればかりか、織田援軍平手汎秀も伊場で戦死したと伝わる。

武田軍の追撃は、浜松城に迫った。『松平記』によると、石川数正は殿軍を務め、追いすがる敵と戦っていた。武田軍は、石川を家康だと勘違いしていたらしく、執拗に追撃してきたといい、数度に及ぶ戦闘でようやくこれを撃退して、浜松城に入ったという。

家康は、命からがら浜松城にたどり着くことに成功した。大久保忠世は、犀ヶ崖に旗を立て、味方の敗兵を収容したといい、鳥居彦右衛門尉元忠は、浜松城の玄黙口を固め、渡辺半蔵、渡辺半十郎、勝屋又兵衛、桜井庄之助らとともに、城外に討って出て、敵兵を追い払った。また犀ヶ崖では、大久保忠世に、撤退してきた石川数正が合流し、鉄炮を揃え、追ってくる敵兵に釣瓶打《つるべう》ちを浴びせた。これをみて、敵兵は追撃を諦めて引き揚げていったという（『松平記』）。

武田軍は、浜松城郊外の犀ヶ崖まで進出し、信玄はここで首実検を実施したという。これを苦々しく思っていた大久保忠世は、一矢報いるべく、武田軍への夜討ちを家康に進言し、許されたという。こうして大敗を喫した徳川方が、武田軍に打撃を与えたといわれる犀ヶ崖の夜討ちが実施された。その模様も、『三河物語』に詳しく描写されている。

然処に、信玄ハ犀崖にて頸共を実検して、其儘陣どらせ給ふ所に、大久保七郎《（忠世）》右衛門が申上けるハ、か様によわ〳〵としてハ、いよ〳〵敵方きおひ可申、然ば諸手の鉄炮を御集め被成候へ、我等が召連れて、夜打を仕らんと申上ければ、尤と御諚にて、諸手を集め申共、出る者もなし、やう〳〵諸手よりして、鉄炮か二三十挺計出るを、我手前の鉄炮を相加へて、百挺計召連れて、犀崖ゑ行きて、つるべて敵陣へ打込ミければ、信玄是を御覧じて、さても〳〵、勝ちてもこわき敵にて有り、是程に、こゝはと云者共を数多打とられて、さこそ内も乱て有哉らんと存知つるに、かほどの負陣にハ、か様にハならざる処に、今夜の夜込ハ、さても〱したり、未よき者共の有と見へたり、菟角に勝ちてもこわき敵なりとて、そこを引退け給ひて、井の谷へ入て、長篠へ出給ふ

武田軍は、犀ヶ崖まで進出し、ここで首実検を実施すると、夜営した。これをみた大久保忠世は、家康に、味方が敗戦で意気消沈しているようでは、敵をいよいよ勢いづかせるだけである。なので、各部隊から鉄炮をお集め下さい、さすれば私がこれを率いて、敵に夜討ちを仕掛けたいと思うと進言した。家康はもっともなことであると同意し、鉄炮衆を集めようとしたが、怖じ気づいてなかなか集まらなかったという。それでも何とか、諸隊から二、三〇挺を集めたので、大久保勢の鉄炮衆とあわせて一〇〇挺ほどを率いて、大久保忠世は、犀ヶ崖に秘かに進み、敵陣へ釣瓶打ちを仕掛けたという。

信玄は、これに驚いた。敗戦を喫した徳川方は、頼みとする家臣や、多くの兵卒を討たれ、家中はさぞ動揺していることだろうと予想していたところ、これほどの敗戦にもかかわらず、意気消沈するどころか、なおも戦おうと夜討ちを仕掛けてきた。徳川は、いまだ

によき家臣らが健在とみえる。勝ったものの、強い敵である、油断してはならない、と信玄は判断し、犀ヶ崖から撤収したという。

『松平記』は、大久保忠世と天野三郎兵衛康景が相談し、敗軍のなか、鉄炮を一六挺ほどを集め、犀ヶ崖に秘かに接近し、鉄炮を放ったところ、武田軍の兵卒は驚き、夜だったことも手伝って、多くが崖下に転落したという。信玄はこれに驚き、早々に撤収したとある。『松平記』は、天野康景と大久保が相談し鉄炮一六挺ほどを集めたといい、『三河物語』は大久保の発案で、鉄炮百挺を集めたという。恐らく大久保忠教は、兄忠世の戦功を誇るために、話を盛ったのだろう。

この犀ヶ崖は、浜松城の北一キロのところにある断崖の谷で、全長二キロ、深さ九メートル、幅五〇メートルの規模を誇る。ただ、現在の犀ヶ崖は、開発などで埋め立てられた部分も多く、戦国期はもっと全長が長かったといわれる（例えば、追分小学校のグラウンドは、昭和十五年に犀ヶ崖を埋め立てて拡張したものである〈小楠和正・二〇〇〇年〉）。また、犀ヶ崖は単独の谷ではなく、これに続くように、城北と和地山の東縁を、住吉にまで続く長い崖だった。これは、明治二十五年の二万分の一地図で確認することができる。かつての犀ヶ崖は、もっと規模が大きく、浜松城の北側を遮断するように展開していた。『浜松御在城記』

によると、犀ヶ崖には小橋が架けられており、これは引橋になっていたといい、いざという時には、外すことが出来たという。三方原合戦の時に、徳川方は引橋を外したので、不案内な武田方の兵士が崖下に転落したと伝えられると記している。この橋があった場所が、「布橋」（浜松市布橋）であるという。

『軍鑑』によると、十二月二十三日朝、徳川軍の足軽衆が「くなくり」（名栗の誤記で、名残のこと、犀ヶ崖一帯の地名であるが、現在は地名が消滅している）に押し出してきたといい、その日の押さえの番を担当していた穴山信君勢が、馬足軽を出してこれを蹴散らし、四、五人を討ち取ったという。信玄は、犀ヶ崖沿いの名残は、道幅も狭かったので、ここに押さえの軍勢を配置していたようだ。だが、家康はそれ以上動くことはなく、武田軍に再度の戦いを挑む気配すら見せなかった。

かくて徳川・織田連合軍は、老練な信玄の前に敗れ去ったのである。家康が討ち取られなかったのは、夜陰に紛れて撤退したことや、徳川家臣らが身を楯にして、懸命に彼を逃がしたからであった。ここでも家康は、幸運だったといえるだろう。

両軍の戦死者

　三方原合戦は、徳川・織田連合軍の敗北で終結した。この合戦での戦死者について、明確に記した史料は極めて少ない。戦後、武田方は「去る二十二日、当国見方原において一戦を遂げ、三・遠両国の凶徒ならびに岐阜の加勢千余人を討ち取り、本意を達し候」(戦武二〇〇七号)、「徳川家中の宗たる者二千余を討ち取った」(戦武二〇一〇号)、「旧冬廿二その表において御防戦を遂げ、敵数千討ち取った由」(戦武二〇一二号)などと喧伝しているが、戦勝を他国に報じる際には、討ち取った敵の数を大げさに記すのが通例であるから、このまま信じることはできない。

　ただ、前掲の『当代記』に「浜松衆敗北、千余討死」とあり、武田信玄が朝倉義景に報じた人数と一致している(戦武二〇〇七号)。この他に、『浜松御在城記』は「御味方ノ手負・討死三百余人也」と記し、さらに「翌廿三日、御末方討死ノ首百六、信玄、馬場ト云所ニ掛サセ実検アリ」と記述している。

　なお参謀本部編『日本戦史　三方原役』には、両軍の戦死者数については諸説あるとしつつ、①徳川・織田連合軍の戦死者三〇〇、負傷者三〇〇、武田軍の戦死者四〇〇、②徳川軍戦死者一〇〇、織田軍戦死者二〇〇、武田軍戦死者七〇〇、③徳川・織田連合軍戦死者一一八〇、武田軍戦死者四〇九、などの数字を紹介している。だが、これらの諸説の出典は明らかにされていない。

このように、両軍の戦死者数については、はっきりしたことは不明といわざるを得ない。徳川・織田連合軍の戦死者は、『当代記』が記す一〇〇〇余人を、今のところ採用しておきたい。武田軍の戦死者は、まったく不明であるが、数百人程度ではなかろうか。

しかしながら、戦死した両軍の部将クラスをみると、徳川・織田連合軍の敗北ぶりが鮮明となる。家康重臣酒井・石川らは無事であったが、物主や奉行クラスの戦死者が散見される。また、織田援軍平手汎秀も討死しており、武田軍の追撃の激しさを物語る。だが、三方原合戦とその後の追撃戦は、日没後に及んだこともあり、武田軍は徳川・織田連合軍を捕捉しきれなかったとみられる。白昼であれば、徳川・織田連合軍の被害はこれだけではすまなかったであろう。

管見の限り、両軍の戦死者は一覧表の通りである（表1～3）。武田軍で物主クラスは、西上野国衆高田繁頼（高田憲頼の次男）が戦傷死したことが確認できるぐらいである。また信玄重臣原昌胤の息子昌弘が戦死しているが、重臣クラスの戦死者は確認できない。こうした状況をみても、武田軍の損害は軽微だったと考えることができるだろう。

30	加藤弥三郎	尾張出身、元織田信長御小姓	信長他
31	加藤九郎次郎正信	伊勢出身、元織田信長家臣	寛永伝他
32	加藤比禰丞長次	伊勢出身、加藤正信、源四郎の従兄弟	寛永伝他
33	金田靫負宗房	松平康元家臣、法名現忠	寛永伝
34	河井八斗兵衛	河合とも書く、高天神小笠原衆	三河他
35	河合又五郎政光	本多忠勝家人	本多忠勝譜他
36	河澄源五郎		家忠日記増補
37	木村弥七郎安綱		四戦
38	小嶋小作	幡豆小笠原家臣	譜牒余録後編
39	小嶋善九郎	幡豆小笠原家臣、児島とも書く	譜牒余録後編
40	小嶋与助	幡豆小笠原家臣、児島とも書く	譜牒余録後編
41	児島源一郎正勝	児島正頼の子、法名浄永	寛政譜他
42	五味右衛門元保	松井忠次家臣岡田竹右衛門元次の弟	四戦
43	権田久助	権太とも書く	大三川志他
44	近藤久内吉成		寛永伝他
45	近藤甚一郎正重	法名浄薫	寛政譜他
46	斎藤宗林	尾張出身	寛永伝他
47	斎藤六郎右衛門	遠江出身、法名日利	寛永伝他
48	榊原摂津守忠直	法名定慶	寛永伝他
49	佐脇藤八郎良之	牢人、元織田信長御小姓	信長、寛永伝他
50	志村弥左衛門秀次	遠江出身	寛永伝他
51	杉原十斗兵衛	杉原ナツと兵へ、杉原次戸兵衛などとも書く	三河他
52	杉山久助		四戦
53	鈴木伝八郎	鈴木八右衛門の子	寛永伝他
54	鈴木又六郎	鈴木伝八郎の弟	寛永伝他
55	高梨権右衛門秀政		大三川志
56	田中彦次郎義綱	田中義忠の兄、法名道光	寛政譜他

（表1）徳川軍戦死者一覧

No.	人名	人物情報	出典
1	青木源五重経	青木民部少輔一重の弟	譜牒余録後編他
2	青木又四郎	二俣城将	三河
3	秋山甚十郎	幡豆小笠原家臣	譜牒余録後編
4	天野麦右衛門政景	法名浄考	寛政譜他
5	荒尾小太郎善久	尾張出身、元織田信長家臣	寛政譜他
6	荒川甚太郎	本多忠勝家人	本多忠勝譜
7	安藤伝右衛門家定	安藤定正・重吉の父、法名宗光	寛政譜他
8	安藤木工助基能	御旗奉行、法名道賢	譜牒余録後編他
9	石川小大夫		大三川志
10	石川半三郎正俊	もと二俣在城衆、法名宗慶	寛政譜他
11	石原十郎右衛門		四戦
12	犬塚八十郎		大三川志
13	岩堀勘解由左衛門	高力清長の娘婿	寛永伝
14	岩堀勘次郎	勘解由左衛門の子	寛永伝
15	上田源助元秀	法名秀栄	寛政譜他
16	宇野三十郎政秋		大三川志
17	江原又助		大三川志他
18	大河原源五左衛門	紀伊出身、大河原正勝の父	寛永伝他
19	大久保新蔵忠寄	大久保忠世の弟	寛永伝他
20	大橋刑部	太橋とも書く	大三川志
21	大村弥三郎		大三川志
22	小笠原三郎兵衛	幡豆小笠原一門	譜牒余録後編
23	小笠原七郎右衛門	幡豆小笠原一門	譜牒余録後編
24	小笠原三郎兵衛朝高	小笠原定武の父	寛政譜他
25	小笠原小太郎善久	尾張出身、元織田信長家臣	寛政譜他
26	小笠原信倫入道宗玄	遠江出身、法名宗玄	寛政譜他
27	小笠原新九郎安広	法名玄順	寛永伝他
28	小川伝九郎	天野清兵衛尉家次の子	寛永伝他
29	加藤源四郎	伊勢出身、加藤正信の弟	寛永伝他

87	門奈善三郎直友	遠江出身、法名常阿	寛永伝他
88	山口飛驒守	尾張出身、元織田信長御小姓	信長他
89	山田角之丞		寛永伝他
90	山田甚五郎重吉		寛永伝他
91	米津十郎右衛門政吉	遠江出身、米津政信の一族	寛永伝他
92	米津小太夫政信	法名浄道	寛永伝他
93	渡邊新九郎	渡邊新蔵茂の子	寛永伝他
94	渡邊十左衛門永	渡邊図書助清の子	寛永伝他

（表2）織田軍戦死者一覧

No.	人名	人物情報	出典
1	平手甚左衛門汎秀	平手政秀の孫か	信長他
2	吉田市三郎	大橋重賢の士（織田援軍）	編年他
3	妻木彦八	大橋重賢の士（織田援軍）	編年他

（表3）武田軍戦死者一覧

No.	人名	人物情報	出典
1	市川帯刀定勝	北条援軍、法名善閑	寛政譜他
2	小幡又八郎昌定	上野国衆小幡憲重四男、法名光山宗鑑	小幡氏歴代法名記録他
3	高田大和守繁頼	上野国衆高田憲頼の次男、法名正闇	寛永伝他
4	原宗一郎昌弘	原昌胤の次男	戦武二一七一号他
5	山高宮内助信親	武川衆、法名常秀	寛政譜他

（註）出典の略号は、以下の通り。『寛永諸家系図伝』→寛永伝、『寛政重修諸家譜』→寛政譜、『四戦紀聞』→四戦、『武徳編年集成』→編年、『戦国遺文武田氏編』→戦武＋文書番号、『三河物語』→三河、『信長公記』→信長。なお徳川軍戦死者のうち、人物情報に特に出身の記述がない者は三河衆である。

57	玉越三十郎	尾張清洲の具足屋	信長他
58	多門越中守重信	本多忠勝に属す	寛政譜他
59	堤新十郎	幡豆小笠原家臣	譜牒余録後編
60	外山小作正成	外山正勝の父、石川家成組	寛永伝他
61	鳥居四郎左衛門忠広	法名宗鑑	寛政譜他
62	中根喜四郎忠重		寛政譜他
63	中根喜蔵利重	法名秋巖	寛政譜他
64	中根市左衛門正直	中根正則の父	寛政譜他
65	中根平左衛門正照	もと二俣城将	譜牒余録後編他
66	夏目長三郎		大三川志
67	夏目次郎左衛門広次	法名行誉	寛永伝他
68	成瀬藤蔵正義	成瀬一斎の兄、法名大忠	寛永伝他
69	野々山藤兵衛元政	法名明岩善称	寛永伝他
70	長谷川橋助	尾張出身、元織田信長御小姓	信長他
71	長谷川紀伊守正長	もと駿河衆、法名存法	寛永伝他
72	長谷川藤九郎英一	もと駿河衆、長谷川正長の弟	四戦
73	服部源兵衛保正	伊賀出身、服部保長の子	寛永伝他
74	原田藤左衛門種友	法名善慶	寛永伝他
75	原久蔵	幡豆小笠原家臣	譜牒余録後編
76	平井新三郎次忠		寛永伝他
77	細井喜三郎勝宗		譜牒余録後編
78	堀川彦作	幡豆小笠原家臣	譜牒余録後編
79	本多甚八	本多忠勝家人	本多忠勝譜
80	本多肥後守忠真	忠勝の叔父、法名慶花	寛政譜他
81	牧右衛門四郎長正	尾張出身、牧正勝の子	寛永伝他
82	松井勘助正次	松井忠次一族、松井次郎兵衛光次の子	松平家譜
83	松井茂兵衛一次	松井忠次猶子	松平家譜
84	松平弥右衛門康純		三河他
85	松永源蔵		寛政譜他
86	松山久内		三河他

第八章　不可解な信玄の動き

信玄の堀江城攻めと刑部在陣

三方原合戦に勝利した武田信玄は、元亀《げんき》三年（一五七二）十二月二十三日、堀江城に進軍し、大澤基胤を攻めた。堀江城には、井伊谷三人衆の近藤康用、鈴木重時らも籠城していたという。武田軍は、堀江城を包囲すると、城に鉄炮を撃ちかけたといい、城方も応戦したという。武田軍の堀江城攻めは、二十七日まで行われたが、落城には至らず、風波が激しくなってきたため、信玄は軍勢を三方原方面に返した。この時、大澤勢は追撃戦を行い、和地《わち》で武田方と交戦したといい、双方に損害が出たらしい。いっぽうで武田方は、堀江城の大澤家中に調略の手を伸ばしていたらしく、大澤出雲が基胤により切腹させられている（以上、戦今二五二三・二四号）。

信玄は、刑部、前山、陣平《じんだいら》、陣座ケ谷《じんざがや》、油田《ゆだ》、井伊谷一帯に布陣し、ここで越年した。『当代記』によると、信玄は浜松城を攻めるかどうかに迷い、刑部で越年することになったのだとある。

『軍鑑』にも、浜松城を攻めるかどうかで、諸将と協議をしている場面がある。それによると、勝頼、武田信豊《のぶとよ》、逍遙軒《しょうようけん》、穴山信君、山県、馬場、内藤、小山田、小幡、真田一《さなだいっ》徳斎《とくさい》らの諸将は、口々に浜松城を攻めるべきであると進言したという。これに対し、高坂《こうさか》

刑部城跡（静岡県浜松市北区）

弾正《だんじょう》（春日《かすが》虎綱《とらつな》）が反対した。浜松城を攻略するのに、早くて二十日、もしかしたら三十日以上かかるかも知れない。その間、織田信長が総力を挙げて後詰めに来れば、長陣に疲れた武田軍は不利である。しかも、家康と越後上杉謙信は同盟国なので、上杉軍が信濃か上野に出兵してくることは間違いない。信玄不利となれば、北条氏政の動向も怪しくなる。ここは自重すべきであると諫言したので、信玄は浜松攻略を諦め、刑部で越年することにしたという。また馬場信春は、家康と和睦し、彼と縁組みをして味方に取り込み、遠江一国を改めて安堵してやるべきである。さすれば、徳川軍を先陣として、上方に攻め上がることができるだろうと述べたともいう。

武田軍は、刑部一帯に布陣したが、私は単なる越年のための滞陣ではないと考えている。刑部にある刑部城は、浜名湖水運の拠点の一つであり、かつて大澤氏の新津《しんづ》城（志津《しづ》城）が斯波《しば》氏に攻められた時、今川氏の援軍が刑部城から船で救援に向かい、敵を退けたことがあった（戦今二五五号）。

つまり刑部城は、大澤氏の支配領域である堀江城や新津城などを、舟で攻撃できる拠点になりえる場所であったことから、武田軍の刑部滞陣は、信玄がなおも堀江城主大澤氏の屈服と浜松城攻略を諦めてはいなかったことを示す可能性がある。

信玄は、状況によっては、舟で庄内半島に軍勢を派遣し、堀江城ではなく新津城を攻略して浜名湖の制海権を奪い、宇津山城主松平清善との連携と補給を断ち、さらに浜松城の補給封鎖を目論んでいたのではなかろうか。

ところが元亀三年十二月二十八日、信玄のもとに、同盟国朝倉義景が越前に撤退してしまったとの情報がもたらされた。信長打倒の絶好の機会であったにもかかわらず、朝倉軍が帰国したことに、信玄は驚き、大きく落胆した。信玄は、義景に再度の出陣を促し、じりじりしながら元亀四年を刑部で迎えたのである。

野田城攻防戦

朝倉軍の帰国は信玄を落胆させたが、いっぽうで大坂本願寺は、武田軍を支援すべく活発な動きを示した。とりわけ、伊勢長島一向一揆のもとに、美濃一向宗門徒を合力させ、さらに日禰野《ひねの》弘就《ひろなり》（もと美濃斎藤・近江浅井氏の家臣）を合流させて、軍勢の指揮をとらせることとした。日禰野は、岐阜に向けて城砦を築き、信長に圧力をかけようとしていた。また、本願寺顕如の指令で北信濃に亡命し、武田信玄に庇護されていた佐々木《ささき》上宮寺《じょうぐうじ》尊祐《そんゆう》と勝鬘寺《しょうまんじ》了順《りょうじゅん》は、まもなく三河に進発すると報告していた。さらに、顕如のもとには、美濃・尾張・三河・遠江の門徒衆が蜂起すると伝えてきたという（愛⑪八五二・八五五号）。

信玄は、元亀四年一月三日（もしくは七日）に刑部を出陣し、三河に侵入した。ついに、武田軍は家康本国に踏み込んだのである。これで信玄は、浜松城を諦めたかにみえた。だが、実際には、別の作戦で浜松城の家康を屈服させようとしていたのである。

『三河物語』によると、武田軍は「井の谷へ入て、長篠へ出給ふ、其より奥郡へ働かんと出させ給ふ」とあり、三河侵攻の目的は、「奥郡」の攻略にあったという。この「奥郡」とは、三河国渥美郡のことを指す。渥美郡は、豊橋と渥美半島を包摂する地域にあたるので、信玄が狙ったのは、徳川氏の東三河支配の拠点、豊橋の吉田城（城代酒井忠次）と、田原城（城代本多広孝）であろう。

そして武田軍は、信玄本隊と別動隊が連携するような作戦を実行していた。その別動隊とは武田海賊衆であり、作戦とは彼らによる三河湾侵攻である。すでに第六章で紹介したが、武田海賊衆は、信玄本隊が高天神城を降したことを受け、拠点を相良湊から高天神城下の浜野浦へと前進させていたとみられ、遠州灘の制海権を奪いつつ、三河湾に突入していたらしい。田原では、武田海賊衆の攻撃を受け、放火されている。当時、城代本多広孝は、浜松に出陣していて留守だったので、武田海賊衆の襲来は脅威であったろう。

武田海賊衆の三河湾突入は、武田方の戦略上、大きな意味を持っていた。それは、三河湾水運の封鎖である。既述のように、家康の本拠浜松城への兵粮米輸送は、三河湾から高《たか》師《し》で陸揚げの後、宇津山城と吉美に一部を搬入させ、浜名湖水運で宇布見、小藪に運び、その後は陸路で浜松城の御蔵《おくら》にもたらされていた。信玄が、堀江城攻略を目指したのは、浜名湖水運を封鎖し、浜松城を兵粮攻めにしようと考えていたからとみられる。

しかし、信玄は浜松城や堀江城の攻略を諦め、三河に進軍したかにみえた。だが、実際は家康本国三河のうち、東三河の渥美郡を制圧することで、徳川領国を東西に分断するだけでなく、より効果的な浜松城封鎖（浜名湖水運による補給を無実化する、三河湾封鎖）を目論んだのであろう。しかも、三河国の徳川方は、武田軍の侵略に対処すべく、ほとんどが浜松城の家康の元に参陣しており、本国には岡崎城の徳川信康のもとにまとまった軍勢がいるだけで、吉田城や田原城もまったくの手薄だったと想定される。しかも奥三河の山家三方衆が武田方となったことで、過半が敵に奪われる事態になっていた。

そこに武田軍の大軍が侵入したのであるから、家康はさらなる危機に見舞われることとなった。信玄は、途中、城主菅沼定盈と、援軍松平忠正ら四〇〇余人が守る、野田城を包囲した（『菅沼家譜』『松平記』他）。信玄が野田城を攻めたのは、渥美郡攻撃のために不可欠であったからである。野田城主菅沼定盈の所領は、野田から三河湾にかけての一帯であり、ここを攻略すれば、武田軍は背後や補給を気にせず、三河吉田城、田原城への攻撃に専念できるからである。すでに、奥三河の山家三方衆が武田方となっていたので、信濃からの補給に不安はなかった。あとは、信濃、奥三河、長篠と続く補給路を、渥美郡にまで延伸することが、信玄の作戦だったと考えられる。

野田城は、懸命に抵抗し、落城の気配を見せなかった。定盈は、決死の使者を数人城外に放ち、武田軍の包囲網をかいくぐらせ、浜松城の家康のもとに救援を要請させた。家康は、一月下旬か二月初旬に、軍勢を率いて浜松を出陣し、野田城を遠望できる笠頭山に布陣したが、武田軍に手も足も出なかった。また、城方も家康が近くまで来ていることに気づかなかったという（『松平記』）。しかし武田軍は、家康の到着に気づき、山県昌景、馬場信春らを笠頭山に向けて配置し、警戒を厳重にした。

家康は武田軍との戦いを回避し、吉田城に入り、二月四日には、上杉謙信に信濃に出兵を要請している（上越一一三八号）。だが、信越国境は雪で閉ざされ、謙信自身も越中一向宗門徒との戦いに忙殺されており、これは実現しなかった。野田城は、武田軍に三の丸、二の丸を占領され、本丸に追い詰められた。

二月十日ごろ、菅沼定盈は、遂に降伏し、開城した。定盈、松平忠正以下三百余人は、武田軍に捕らえられた（『三河物語』、愛⑪八六八号）。信玄は、彼らを信濃に護送しようと考えていたが、山家三方衆の求めもあり、彼らの人質と、定盈らとを交換する交渉が、徳川方との間でまとめられた。三月十五日、家康が浜松に確保していた、山家三方衆の人質と、定盈らの捕虜交換が実施された（『菅沼家譜』『三河物語』）。

かくて武田軍は野田城を攻略した。信玄は、捕虜交換の後に、城の破却を命じたという。この結果、野田領は武田氏の手に落ち、その勢力は渥美郡に迫ったのであった。

武田軍の行動停止

武田軍本隊は、二月十七日に野田から陣払いした（愛⑪八六六号）。いよいよ武田軍は、渥美郡に向かうかと思われたが、信玄が向かったのは、設楽郡の長篠城であった（『当代記』他）。この不可解な動きの理由は、信玄の病気にあったといわれる。

> 信玄ハ、野田之城を責る内に病つかせ給ひて、野田落城有て後ハ、切つて上る事も不成して、本国へ引て入とて、御病おもく成て、平井、波合にて、信玄ハ御病死被成ける

これは、『三河物語』の記事であるが、武田軍が、野田城攻略後、渥美郡に侵攻し、東三河を席巻しなかったのは、すでに信玄が病気だったからであるという。これ以後、武田軍は長篠城に滞陣したまま、動かなくなってしまうのである。

信玄の病気は次第に重篤となり、もはや軍旅に耐えられる状況にはなかった。武田軍の不可解な行動停止の理由を、家康も信長も摑みきれなかったようだ。しかしながら、武田軍が三方原合戦で大勝したことは、間違いなく畿内の政局に大きく影響した。

畿内では、武田軍が上洛するとの噂がしきりであり、騒然としていた。ポルトガル人宣

教師らは、信玄が上洛を果たし、比叡山延暦寺などの再興が実現されれば、信長に近い自分たちは迫害されることを覚悟しなければならないと考えていた。

とりわけ、将軍足利義昭が受けた衝撃は大きかったらしい。武田信玄が上洛してくれれば、織田信長と手を携えて維持してきた室町幕府は、危機を迎えることとなる。義昭は、信玄に御内書《ごないしょ》を送り、織田・徳川との和睦を促しつつ、京都から退去する準備を進め始めた（以下は、久野雅司・二〇一七年、柴裕之・二〇一七年・二〇二〇年、山田康弘・二〇一九年による）。将軍義昭のあまりの周章狼狽ぶりは、岐阜城で武田軍に備えていた信長の耳にも入った。信長は、将軍義昭の醜態を知ると、同年末から元亀四年正月初頭頃に、将軍義昭とその周辺の人々に対し、十七ヶ条にも及ぶ異見書を出した。その内容と文言は厳しいものであり、義昭の失政と政治姿勢の怠慢さを痛烈に批判していた。

しかし義昭と側近たちは、信長の弾劾にも等しい異見書に反発した。将軍義昭の言い分は、畿内が騒然となり、武田、本願寺などが敵対しているのは、そもそも信長の失策が原因だった。その責任を将軍義昭になすりつけるかのような異見書に、彼と側近たちは我慢がならなかった。ここに将軍義昭は、信長と訣別し、反信長の武田・本願寺・朝倉・浅井らと手を結び、彼らの支えによって室町幕府を維持しようと考えたのである。義昭は、信長から武田らに乗り換えたわけだ。

将軍義昭は、遂に信長と断交し、反織田連合と結んで、天下静謐《せいひつ》と室町幕府の再編を目論むこととなった。二月十三日、将軍義昭は、信長を「御敵」と指弾し、挙兵に踏み切った（「公儀御謀叛」）。義昭は、松永久秀《まつながひさひで》、大坂本願寺、朝倉義景、浅井長政と和睦し、信長討伐を命じた御内書を送り、武田信玄にも武田中務大輔《なかつかさたいふ》（若狭《わかさ》武田氏の一族）を使者として派遣し、連携することとなった。

義昭の豹変を知った信長は驚愕し、「この私がなぜ公方様に御敵とされるのか。これは公方様のご意志ではなく、侍臣たちが勝手に企てたことに違いない」と述べ、家臣を京に派遣し、翻意を促すとともに、和睦を提案した。信長の危機意識は相当のもので、義昭が提示した条件をすべて呑《の》み、信長の実子を人質に出すことまで了承したほどであった。

だが将軍義昭は、信長とは和睦する気などさらさらなく、朝倉義景にただちに上洛するよう指示し、さらに幕府に仕えていた信玄の老父武田信虎《のぶとら》を甲賀《こうか》へ派遣し、軍勢を召集させ、織田方と戦う準備を命じた。信虎は甲賀に入り、活動を活発化させている（平山・二〇一九年）。

武田信玄供養塔（長野県阿智村駒場の長岳寺境内）

信玄の死と家康

将軍義昭が挙兵した元亀四年二月十三日は、信玄が野田城を降伏させた直後にあたる。これにより、信長と家康の危機はさらに深化した。畿内で将軍義昭が、本願寺、三好、松永らと連合し、さらに朝倉、浅井と組むことになれば、信長はその手当てに追われることとなり、三河・遠江で信玄の攻撃を受ける家康を支援することは難しくなってしまう。

家康は次第に追い詰められていた。そればかりか、足下の西三河では、三河一向一揆が再燃する恐れも出てきたのだ。

こうした絶好の機会であったにもかかわらず、武田軍は奥三河からまったく動こうとはしなかった。もはや、信玄は死の病に冒されていたからである。彼の病気は、「隔《かく》」であったとされる（『軍鑑』）。この「隔」とは、「胃が食べた物を留め得ないため吐き出す病」とあり（『日葡辞書』）、今日の胃癌《いがん》に相当すると推定されている（村松学祐・一九六二年、平山・

二〇二二年①）。彼は、養生と病気平癒の祈願のため、鳳来寺にも参詣し、ここで療養したと伝えられる（『菅沼家譜』）。

このころ、信玄のもとに、朝倉義景から越前を出陣するとの書状が届けられたらしい。信玄は病を養いながら、朝倉軍が浅井らと合流し、美濃に出陣することを待っていたのかも知れない。だが結局、これは実現しなかった。

武田軍が動かぬため、美濃国郡上郡の国衆遠藤氏も、飛驒国衆も蜂起せず、成り行きを見守るばかりであった。三河一向一揆も、蜂起することはなかった。これは、永禄七年の和睦後に、家康が、土呂本宗寺や三河三ヶ寺を始めとする主要寺院や、末寺、道場などを破却し、僧侶たちを追放していた効果が大きかったとみられる。中核を失っていた三河一向宗門徒は、蜂起を本願寺から命じられたものの、武田は動かず、三河も騒然とした状況になっていないなかで、動き出すことができなかったのだろう。この他に、伊勢長島一向一揆も、尾張一向宗門徒らも、岐阜に向けて動き出すことはなかった。

彼らは、いずれも武田信玄の行動再開を期待していたのだろう。だが四月、武田軍は信濃に向けて撤退を開始したのである。もはや、信玄の再起は不可能であった。

信玄は、後継者勝頼に、三年間は自分の死を秘匿すること、対外戦争を自粛し織田・徳川が不利な状況になるまで待機すること、などを遺言したという（『軍鑑』）。信玄は、四月十二日、信濃への帰途、陣中で死去した。享年五十三。卒去の地は諸説があるが、信濃国駒《こま》場《ば》が著名である。

　武田氏は、信玄の死をひた隠しにし、武田勝頼が父信玄の病気と隠居に伴い、家督を相続したと発表した。だが、信玄が死去したとの噂は、すぐに諸国に伝わり、徳川家康は、駿河の武田方を攻め、遠江の各城を奪回した。この時、徳川軍への反撃はまったくなかったという。このことで、家康は信玄死去を確信した。

　信玄の死は、家康を存亡の危機から救った。もし信玄が病身でなければ、家康は信玄に屈服を余儀なくされていたかも知れない。

むすびにかえて——三方原合戦の歴史的意義

元亀三年十二月二十二日の三方原合戦は、戦国大名徳川家康を、まさに存亡の危機に追い込む敗戦であった。武田信玄は、家康の領国遠江と三河二方面から攻め込み、浜松に迫った。この時、信玄は遠江国における、徳川方の有力な拠点懸川《かけがわ》城（城代石川家成）を避けて通り、高天神城を攻略して見付を制圧した。この時点で、武田方は調略した北遠江の国衆奥山・天野氏を味方に付け、天野藤秀の動員を果たしていた。さらに、奥三河から山家三方衆を帰属させ、その軍勢を帯同した山県昌景・秋山虎繁軍は、遠江に侵入し、井伊谷、刑部を制圧して、二俣城で武田軍本隊と合流した。こうした形勢から、遠江衆は続々と武田方となり、家康は遠江の三分の二を失う打撃を受け、浜松城は半円状に包囲される事態に陥っていた。

要害堅固で知られる懸川城は、四囲が武田方となったため完全に孤立し、補給を断たれたも同然の状況に陥っており、戦わずして降伏に追い込まれる可能性が高かったといえる。信玄は、家康にとどめを刺すべく、二俣城から浜松城に接近したが、途中で進路を変更し、三方原台地に上がり、三河侵入の動きを見せた。

このまま、信玄を見過ごせば、遠江、三河衆への輿望と求心力を失ってしまうことを危惧した家康は、決戦を挑もうとしたのである。だが、家康が最終的に武田軍と戦わねばならなくなったのは、武田軍が再度進路を変更し、堀江城の大澤基胤を攻め落とす動きを鮮明にしたからである。

ここで家康は、信玄の意図を察知したとみられる。家康の本拠浜松城は、致命的な弱点を抱えていた。それは、尾張、三河方面からの兵粮や兵員の補給を、浜名湖水運と東海道、本坂道、鳳来寺道に、とりわけ浜名湖水運に大きく依存していたからである。

すでにこの時、徳川方は、武田軍の蠢動《しゅんどう》により、鳳来寺道を封じられ、本坂道も機能不全に陥りつつあった。残されたのは東海道と、浜名湖水運だけである。だが、堀江城が陥落すれば、庄内半島は武田方の手に落ち、浜名湖水運の主導権を掌握される可能性があった。東海道も、浜名湖水運を握った武田方に、今切の渡を封じられてしまえば、使用不能となってしまう。浜名湖水運こそ、家康の生命線であったのだ。信玄は、それを見抜いていたと思われる。だからこそ、三河に進むのを中断し、堀江に進路を変えたのであろう。ここに家康は、武田軍と対決しなければ、浜松城で窮死する危険性が出てきたといえる。

しかし、多くの徳川家臣の予想どおり、老練な信玄と武田の大軍の前に、無勢の徳川・織田連合軍は敗れ去った。家康にとって幸いであったのは、合戦が夕刻から始まり、夜に敗戦が決定的となったことである。土地勘があった徳川軍は、家康を始め重臣の多くが浜松城に戻り、戻れなかった者たちも、周辺に待避して様子を窺っていたようだ。いっぽうの武田軍は、家康を何度も捕捉していたが、討ち取れず逃げられてしまっていた。

信玄は、浜松城を攻撃するかどうか迷ったが、最終的には三河侵攻を優先した。それは、三河衆のほとんどが、浜松城の家康のもとに参陣していたため、三河の諸城はまったくの手薄だったからである。そのため信玄は、浜松城攻撃という危険を冒さずとも、東三河の吉田城、田原城など渥美郡を攻略することで、三河湾水運や浜松への陸路をすべて封鎖し、浜松城の家康を屈服させることができると考えたのであろう。

野田城攻略は、すでに山家三方衆を従属させ、奥三河を押さえていた武田軍の補給路を、より安全なものにするためには、ぜひとも必要だったからだと思われる。野田城攻略により、徳川軍は、領国が分断される危険性が出てきた。これ以前より、三河湾では武田海賊衆の活動が活発となり、田原周辺は彼らによって放火されていた。

このように見てくると、三方原合戦を含む一連の信玄の行動は、遠江・三河制圧が主目的であり、畿内の情勢次第では、三河から尾張に進み、長島一向一揆や尾張一向宗らと合流して、岐阜の信長を窺うというものではなかったろうか。

信玄は、盛んに上洛するとの噂を流し、自らもそのように喧伝していたが、その意図は、畿内の反信長勢力を蜂起させ、信長方を混乱、翻弄することにあった。さすれば、織田が家康を支援することは難しくなってしまう。

そして三方原合戦における織田・徳川方の敗戦による最大の影響は、将軍足利義昭が、織田信長と手を切り、武田・本願寺・朝倉らの反信長連合と結ぶ動きを誘発したことにある。それほど、三方原敗戦は、当時の政局に大きな影響を及ぼしたといえる。

家康は、野田城が懸命に抵抗を続けるなか、三河吉田城に出陣し、後詰めを行おうとした。このため、手薄な渥美郡を早期に制圧し、家康を屈服に追い込もうという信玄の目論見は失敗に終わったが、野田城失陥により、徳川方の危機はより一層鮮明となった。武田軍に禁制の申請を始めた、東三河の寺社も現れ始めた。このままでは、家康は安全保障の確保を行えぬ大名だと、地域社会からそっぽを向かれる恐れも出てきたわけである。

ところが、事態は意外な展開を見せた。野田城攻略後、武田軍が渥美郡には進まず、長篠城に入ったまま、行動を停止したのである。これは信玄が病気であり、その症状が重篤だったからである。

かくて、元亀四年二月十七日から四月中旬まで、武田軍は行動を停止し、長い空白が生じることとなった。この間、織田信長は将軍義昭と和戦両様の交渉を行い、事態の打開を図っていた。信長が畿内に介入できたのは、信玄の行動停止が大きかったといえる。

三方原合戦で頂点に達した、徳川家康と織田信長の危機は、畿内の政局に変動をもたらし、将軍足利義昭の挙兵を招くこととなった。このように、武田信玄による家康攻めと三方原合戦は、元亀・天正争乱の幕開けを告げる一大事件といえるだろう。それまで信玄は、信長と協調し、将軍義昭を頂点とする室町幕府を支持していた。その構図を、家康への憎しみと怨嗟に燃える信玄が捨て去ったことで、天正期の信長・家康同盟と、他の戦国大名との抗争の構図ができ上がることとなった。その、最初のクライマックスが、三方原合戦だったといえるだろう。

戦国史が、大きく転換する事件となった三方原合戦が、その後の信長と家康に不幸をもたらし続けることがなかったのは、ひとえに信玄が死去したからである。三方原合戦後の空白は、信玄の病気と死去がもたらしたものであり、それは信長と家康に僥倖《ぎょうこう》をもたらした。信玄の死により、家康は危機を脱し、三方原合戦がもたらした反信長連合の優位は、まもなく瓦解し、合戦の成果は雲散霧消したのである。

あとがき

あれは確か、中学二年生のことだったと記憶する。西荻窪の書店で、たまたま書架で高柳光壽『三方原之戦』が目にとまった。新書サイズの本で、薄かったこともあり、中学生の自分にも読み通せるだろうとすぐに購入し、むさぼり読んだ。当時の私には、理解できなかったところも多かったが、徳川家康と武田信玄との息詰まる駆け引きに引き込まれたことをよく憶えている。この著作は、初版は一九五八年刊であり、私が購入した新書は再版である。いま、手元に残る古びた同書の奥付をみると、昭和五十二年十一月発行とあるから、当時私は十三歳だったのだが、書店で購入したのは翌年ということになるだろう。

その後、大学生になった私は、同書が三方原合戦の定説を形作った画期的な研究書であることを知った。しかしそのころには、合戦に注目する意識は失せ、戦国期の税制や地域社会の研究に興味関心が移っていた。また、合戦の実像を知る史料が、どの戦いでも決定的に不足していることを認識していたこともあり、三方原合戦の実態なぞ、追究しても摑みきれるものではないと思っていた。だから、高柳説を乗り越えるような研究などできるわけがないと思っていたし、それはつい最近までの私の認識だった。そのため、三方原合戦に関する著書や、小文が発表されると、一応は目を通したものの、やはり高柳説を凌駕する成果は望めないと思ったものである。

ところで、私には、大学生の頃からずっと心に引っかかっていたことがあった。それは、『信長公記』に、「武田軍が堀江《ほりえ》城を攻めようとしたので、徳川家康は軍勢を出し、これと戦った」とあるくだりである。それは、武田軍が祝田《ほうだ》坂を下り始めたので、家康は攻撃を仕掛ける好機と捉え、攻めかかろうとしたものの、敵軍が急ぎ坂上に引き返し、戦闘態勢を取っていたので、合戦になったというイメージとは、まったく違うものである。そもそも、武田軍が祝田坂をいったんわざと下り、その後、徳川軍が接近してきたので、急ぎ反転して坂上に戻ったという話は、『三河物語』にすらそのようには描かれてはいない。恐らく、このイメージは、新田次郎の小説『武田信玄』の影響であろう。

なぜ信玄は堀江城を目指したのか、なにゆえ堀江城攻めは、徳川家康を刺激したというのか。これらの疑問に、真正面から回答してくれる論著に出会うことはなく、四十年が経過した。それは、あたかも小さな棘《とげ》が体のどこかに刺さったままであるかのように、時々私の意識をそこへと向けさせたものの、答を探す暇も、意識もないまま、時間だけが過ぎ去っていった。

　ところが、一昨年の二〇二〇年晩秋、私は遠江の古道と河川、そして城砦の関係を調べる必要性に迫られ、その準備のために地図を作成しようと思い立ち、作業に入った。ふと浜名湖と三河湾、さらに天竜川に挟まれた浜松城を眺めていたとき、私は徳川家康が見付城（城之崎城）を放棄して浜松に本拠を移した経緯を思い起こしたのである。それは、補給と援軍派遣の円滑さを欠くことにあった、とされている。では浜松城はどうであったか、と考えた時に、浜松もまた浜名湖によって三河方面との連携が阻まれる可能性があるのではないかと思い至ったのだ。

　そこで私は、堀江城が浜名湖水運や湖上軍事に関わる城であり、城主大澤氏はそれを生命線にしているとの研究があったことを思い出したのだった。さらに浜名湖水運については、すでに阿部浩一氏が労作を発表していたこともあり、私は浜名湖水運の先行研究と史料分析を進めてみて、ある確信にたどり着いた。それは、誰かに堀江城を押さえられてしまうと、浜名湖水運もその者の手に落ち、浜松は補給を断たれることになってしまうのではないか、と。

武田信玄が、三河に侵攻するのを停めて、堀江城に軍勢を差し向けようとしたのは、実は浜松城を干上がらせ、屈服させるためではなかったか。この仮説のもと、私は史料渉猟を進め、三方原合戦とは、浜松城を維持するために、家康は信玄に戦いを挑まざるをえない状況に追い込まれたと考えるようになった。こうして、本書のもととなる講演を、昨二〇二一年十二月、横浜で行い、それを本年論文「遠州堀江城と武田信玄―三方原合戦に関する覚書―」（『武田氏研究』六五号・二〇二二年）として発表した。これが本書の原型となっている。

折しも、二〇二三年ＮＨＫ大河ドラマが、徳川家康を主人公とする「どうする家康」に決定し、その時代考証を依嘱されたこともあり、私はまったく新たな三方原合戦像を提示すべく、本書を一気呵成に書き上げたのだった。高柳光壽氏の学説は、実に魅力的ではあるが、私はまったく違う視点から、三方原合戦を捉えねばならないと考えたのであり、それは補給と援軍という視座こそが重要と捉えていたからに他ならない。

史料渉猟のさなか、堀江城主大澤基胤《もとたね》が「味方原を封鎖してしまえば、懸川に在陣する敵軍（徳川軍）は難儀することだろう」と自身の言葉でずばり明言している書状を読んだときの衝撃と感動は、忘れられない。この書状は、かつて何度か読んだことがあるはずなのだが、その当時の自分にはまったく引っかからなかった。課題が設定され、視点が定まることで、今まで見えなかったものが見えてくるという典型例といえるだろう。

本書で展開した、私の視座がどれほど支持されるかは定かでないが、新たな視点を提供できたことには大いに満足している。高柳説が発表されて、今年で六十四年が経過した。そして二〇二二年は、奇しくも三方原合戦四五〇年の節目の年にあたる。このような奇縁に導かれるように、本書が出版される僥倖に感謝したいと思う。

本書の執筆と刊行にあたっては、浜松市立中央図書館調査支援グループの方々には大変お世話になった。また、私に執筆の機会を与えて下さったＮＨＫ出版放送・学芸図書編集部の山北健司氏、そして編集を担当してくれた三猿舎の安田清人氏に謝辞を捧げたい。

二〇二二年十月八日

平山　優

凡例（本文中の略記号一覧）

『愛知県史』史料編→愛＋巻数＋文書番号
『寛永諸家系図伝』→『寛永伝』
『寛政重修諸家譜』→『寛政譜』
『甲陽軍鑑』→『軍鑑』
『静岡県史』資料編7中世三→静⑦＋文書番号
『上越市史』別編Ⅰ上杉氏文書集一→上越＋文書番号
『新訂徳川家康文書の研究』上巻→家康＋頁数
『新修徳川家康文書の研究』→新修家康＋頁数
『増訂織田信長文書の研究』→信長＋文書番号
『増訂織田信長文書の研究』補遺→信長補遺＋文書番号
『戦国遺文今川氏編』→戦今＋文書番号
『戦国遺文武田氏編』※→戦武＋文書番号
『大日本史料』十編之四→大日④＋頁数
『千葉県の歴史』資料編中世4（県外文書1）→千葉④＋頁数
『山梨県史』資料編5中世2上県外文書→山⑤上＋文書番号

※『戦国遺文武田氏編』補遺（『武田氏研究』四五号、二〇一二年）、『戦国遺文武田氏編』補遺（その2）（『武田氏研究』五〇号、二〇一四年）

主要参考文献

阿部浩一「中世浜名湖水運と地域社会」（藤原良章・村井章介編『中世のみちと物流』山川出版社・一九九九年所収）

同「伝馬と水運――戦国時代の流通の発達」（有光友學編『戦国の地域国家　日本の時代史12』吉川弘文館・二〇〇三年所収）

大石泰史『今川氏滅亡』角川選書・二〇一八年

遠藤珠紀「武田信玄への三通の綸旨」（『戦国史研究』六四号・二〇一二年）

小笠原春香「武田氏の駿河侵攻と徳川氏」（同著『戦国大名武田氏の外交と戦争』岩田書院・二〇一九年所収、初出は二〇〇八年）

岡部英一『一言坂の戦い――武田信玄、遠州侵攻す』静岡新聞社・二〇二一年

小楠和正『検証・三方ヶ原合戦』静岡新聞社・二〇〇〇年

小和田哲男『三方ヶ原の戦い――武田信玄上洛への大戦略!!』学習研究社・一九八九年（後に学研M文庫に収録、二〇〇〇年）

小和田哲男編『浜松の城と合戦――三方ヶ原合戦の検証と遠江の城』サンライズ出版・二〇一〇年

加藤理文『家康と家臣団の城』角川選書・二〇二一年

金子拓『織田信長――不器用すぎた天下人』河出書房新社・二〇一七年

黒田基樹『井伊直虎の真実』角川選書、二〇一七年

同『武田信玄の妻、三条殿』東京堂出版・二〇二二年

海老沼真治「武田・徳川氏の今川領国侵攻過程―身延文庫『科註拾塵抄』奥書の検討から―」（『武田氏研

究』五一号・二〇一四年、後の柴裕之編・二〇二二年所収）
久野雅司『足利義昭と織田信長』中世武士選書40・戎光祥出版・二〇一七年
参謀本部編『日本戦史　三方原役』元真社・一九一〇年
静岡古城研究会編『静岡県の城跡――中世城郭縄張図集成（西部・遠江国版）』同会・二〇二二年
柴田顕正編『徳川家康と其周囲』上・中巻、岡崎市役所・一九三四年（後に名著出版復刊、一九七二年）
柴　裕之『徳川家康――境界の領主から天下人へ』平凡社・二〇一七年
柴　裕之編『徳川家康　シリーズ・織豊大名の研究10』戎光祥出版・二〇二一年
鈴木千代松『三方原の戦いの研究』浜松歴史同好会・一九九五年
高柳光壽『三方原之戦』戦国戦記1・春秋社・一九五八年
富田日出雄『三方原古戦場を探す』私家版・一九八九年
同　『三方原古戦場を考える』私家版・一九九〇年
土屋比都司「高天神攻城戦と城郭―天正期徳川氏の付城を中心に―」（『中世城郭研究』二三号・二〇〇九年）
浜松市教育委員会『浜松市千人塚古墳調査略報』浜松市立郷土博物館・一九六七年
同　『浜松城跡――考古学的調査の記録』同会・一九九六年
浜松市博物館『浜松城――築城から現代へ』同館・二〇二〇年
同　『家康伝説と浜松』（冊子）同館・二〇二二年①
同　『家康伝説と浜松』（マップ）同館・二〇二二年②
平野明夫編、日本史史料研究会監修『家康研究の最前線――ここまでわかった「東照神君」の実像』歴

史新書y・洋泉社・二〇一六年

平山　優『長篠合戦と武田勝頼』吉川弘文館・二〇一四年①

同　『検証　長篠合戦』吉川弘文館・二〇一四年②

同　『武田氏滅亡』角川選書・二〇一七年

同　『武田信虎』中世武士選書42・戎光祥出版・二〇一九年

同　『図説武田信玄』戎光祥出版・二〇二二年①

同　「遠州堀江城と武田信玄―三方原合戦に関する覚書―」（『武田氏研究』六五号・二〇二二年②）

同　『徳川家康と武田信玄』角川選書・二〇二二年③

広瀬良弘『禅宗地方展開史の研究』吉川弘文館・一九八八年

本多隆成『徳川家康と武田氏――信玄・勝頼との十四年戦争』歴史文化ライブラリー・二〇一九年

丸島和洋『郡内小山田氏』中世武士選書19・戎光祥出版・二〇一三年

同　『武田勝頼――試される戦国大名の「器量」』平凡社・二〇一七年

同　「武田信玄の駿河侵攻と対織田・徳川氏外交」（『武田氏研究』六五号・二〇二二年）

村松学祐「武田機山公の死因について」（『甲斐路』五号・一九六二年）

山田康弘『足利義輝・義昭――天下諸侍、御主に候』ミネルヴァ書房・二〇一九年

編集協力　安田清人（三猿舎）
校閲　髙松完子
図版作成　手塚貴子
ＤＴＰ　佐藤裕久

平山 優 ひらやま・ゆう

1964年、東京都生まれ。
立教大学大学院文学研究科博士前期課程史学専攻(日本史)修了。
専攻は日本中世史。
山梨県埋蔵文化財センター文化財主事、山梨県史編さん室主査、
山梨大学非常勤講師、山梨県立博物館副主幹を経て、
山梨県立中央高等学校教諭。
著書に、『武田信玄』(吉川弘文館)、『山本勘助』(講談社現代新書)、
『武田三代——信虎・信玄・勝頼の史実に迫る』(PHP新書)、
『戦国の忍び』(角川新書)、『天正壬午の乱——本能寺の変と
東国戦国史 増補改訂版』(戎光祥出版)、
『武田氏滅亡』(角川選書)などがある。

NHK出版新書 688

新説 家康と三方原合戦
生涯唯一の大敗を読み解く

2022年11月10日 第1刷発行
2023年 1月15日 第3刷発行

著者 平山 優 ©2022 Hirayama Yu
発行者 土井成紀
発行所 NHK出版
〒150-0042 東京都渋谷区宇田川町10-3
電話 (0570) 009-321(問い合わせ) (0570) 000-321(注文)
https://www.nhk-book.co.jp (ホームページ)

ブックデザイン albireo
印刷 新藤慶昌堂・近代美術
製本 藤田製本

落丁・乱丁本はお取り替えいたします。定価はカバーに表示してあります。
Printed in Japan ISBN978-4-14-088688-5 C0221

NHK出版新書好評既刊

カラスをだます
塚原直樹

カラス語の理解者にして全国から引っ張りだこのカラス対策専門ベンチャー創業者が、カラスを調べ、追い払い、食べながら、共存の方法を探求する。

646

大河ドラマの黄金時代
春日太一

『花の生涯』から『黄金の日日』『独眼竜政宗』『太平記』まで。プロデューサー、ディレクターたちの貴重な証言を織り込み、「黄金時代」の舞台裏に迫る。

647

アドラー 性格を変える心理学
岸見一郎

世の中には「性格は生まれつき」と考えて、あきらめてしまう人が少なくない。『嫌われる勇気』の著者が、アドラー心理学を軸に、性格の常識を覆す。

648

「超」英語独学法
野口悠紀雄

リスニング練習から暗記術、AI活用法まで。専門家同士のやりとりや英文読解、会議での討論、メール作成などに役立つ超合理的勉強法！

649

おとなの教養3
私たちは、どんな未来を生きるのか？

池上 彰

気候変動、データ経済とDX、ポスト資本主義など。喫緊の6テーマを歴史や科学、経済学の教養にもとづき講義形式で解説するシリーズ第3弾！

650

異形のものたち
絵画のなかの「怪」を読む

中野京子

人獣、妖精、悪魔と天使、異様な建造物から魑魅魍魎まで。「異形」の名画が描かれ支持されてきたのはなぜか。語られざる歴史と人間心理を読む。

651

NHK出版新書好評既刊

新世紀のコミュニズムへ
資本主義の内からの脱出
大澤真幸
資本主義を超える。それは、いかにして可能なのか？ 持続可能な未来に向けた真の課題とは何か？ パンデミック後の思想的課題に鋭く迫る！
652

「現金給付」の経済学
反緊縮で日本はよみがえる
井上智洋
現金をばらまき、インフレ好況をつくり出せ！ 日本経済の停滞を打ち破る、金融緩和でも構造改革でもない「ラディカルな解決策」を提唱する一冊。
653

新・いのちを守る気象情報
斉田季実治
激甚化する自然災害にどう備えるか。人気の気象キャスターが、気象情報の読み方と防災知識を徹底解説。前著の情報を更新した改訂最新版！
654

デジタル・ファシズム
日本の資産と主権が消える
堤 未果
行政、金融、教育——日本の公共システムが、米中巨大資本に食われる！ 気鋭のジャーナリストが明かす「日本デジタル化計画」驚愕の事実。
655

宗教の本性
誰が「私」を救うのか
佐々木 閑
科学にも通じる仏教学者が、一神教、多神教、二元論宗教、イデオロギーまで、「なぜ人間は宗教なしで生きられないのか」を解き明かす、究極の宗教論。
656

子どもの目が危ない
「超近視時代」に視力をどう守るか
大石寛人
NHKスペシャル取材班
スマホやタブレットの使用、ゲームのやり過ぎが、子どもの深刻な近視を引き起こしている。科学的根拠のある治療法を徹底取材をもとに紹介する。
657

NHK出版新書好評既刊

実践・哲学ディベート
〈人生の選択〉を見極める
高橋昌一郎
反出生主義に英語教育、ルッキズムからAI倫理、意思決定論まで。「教授」と「学生たち」のディベート形式で哲学的思考を鍛える画期的入門書！
676

『パンセ』で極める人間学
鹿島茂
博覧強記の仏文学者が、西洋哲学の古典『パンセ』から、現代人にとって切実かつ魅力的な部分を抽出し、自身の訳と解説で編み直す、新しい哲学ガイド。
677

お白洲から見る江戸時代
「身分の上下」はどう可視化されたか
尾脇秀和
お奉行様のお裁きの前になぜ出廷者の「座席決め」が問題となったのか？ 役人たちの苦労の背後に、幕府が守ろうとしていた「正義」を見出す快作！
678

考証
鎌倉殿をめぐる人びと
坂井孝一
大河ドラマ「鎌倉殿の13人」の時代考証者が、平安末期から鎌倉時代に活躍した人物の虚像と実像を徹底解説。人間関係や出来事の背景に迫る！
679

私の文学史
なぜ俺はこんな人間になったのか？
町田康
現代文学の大立者・町田康が、影響を受けた文学や音楽・浪曲・落語など、自身の創作の裏側について、はじめて内面を「暴露」する文芸ファン待望の一冊。
681

メタバースビジネス覇権戦争
新清士
プラットフォーム争奪戦を勝ち抜くのは、どの企業か?! VRビジネスを長年取材してきた著者が、GAFAMから日本企業までの動向を徹底解説！
682